ザックリおしえて!

新しいNISA

川部紀子 監修
ファイナンシャルプランナー
社会保険労務士

永岡書店

☑ 日本国内に住む18歳以上の人が使える

2024年１月からスタート！

新しいNISAの大事な要点だけザックリ学ぼう！

いよいよ2024年１月からスタートする「新しいNISA」。注目されている一方で、「“NISA”って、そもそも何？」「何が新しくなるの？」などなど、投資初心者のいろいろな疑問も耳にします。まずは、新しいNISAの要点を押さえておきましょう。

藤士 学さん
そろそろ投資を始めようと思っている38歳の会社員。妻と、10歳と８歳の２人の子どもと４人暮らし

- ☑ 制度が**恒久化**して長く使える
- ☑ **非課税**で運用できる期間が**無制限**に
- ☑ **つみたて投資枠**と**成長投資枠**を使える
- ☑ 年間に**360万円**まで投資できる
- ☑ 非課税枠は生涯で**1800万円**
- ☑ 解約分の非課税枠は**翌年復活**する

川部紀子先生

ファイナンシャルプランナー・社会保険労務士で、この本の監修者。わかりやすい講演・セミナーが好評

¥ 2024年から始まる新しいNISA制度とは？

「NISA」で投資するかしないかで大きな差が出ます！

NISA——Nippon Individual Savings Accountは、「少額投資非課税制度」という意味。

実は、投資で得た利益には約20%の税金がかかるのですが、NISAで投資をすると、その名の通り、税金がかかりません。

そして、この**「税金がかからない」というメリットの拡充のために改正され誕生するのが、「新しいNISA」**です。

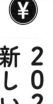

¥ これまでのNISAと新しいNISAどんな違いがあるの？

まず、**制度そのものがずっと続く**ようになります。

これまでのNISAは2023年で終了することが以前から決まっていて、年代によっては老後まで長く続けることができませんでした。しかし、新しいNISAは「**生涯ずっと使える制度**」になるのです。

また、これまでのNISAは非課税で運用できる期間に制限がありましたが、新しいNISAでは**運用期間が無期限**になります。

そして、投資できる金額が大幅に上がるのも特徴です。**1年間に120万円だった上限が、360万円**になります。

新しいNISAを始める際に知っておきたいポイントは？

すでにNISAで投資している人の場合

- 新しいNISA口座が自動的につくられる
- これまでのNISAと新しいNISAは別物として扱われ、NISAにある資産を新しいNISAに移動することはできない

始め方の流れ

現在開設しているNISA口座がある

↓

新しいNISAの口座が自動的に開設される
➡212ページ参照

↓

2024年1月から
新しいNISA口座で株や投資信託を売買する
➡222ページ参照

投資初心者の場合

●自分の「リスク許容度」を知る ↓64ページ参照

●まずはNISA口座をつくり、少額から始めてみる（金融機関によっては、月100円から積み立てできる）↓164ページ参照

始め方の流れ

金融機関を選ぶ
➡206ページ参照

↓

2023年12月まで
NISA口座を開く
➡214ページ参照

もしくは

2024年1月から
新しいNISA口座を開く

↓

2024年1月から
新しいNISA口座で株や投資信託を売買する
➡222ページ参照

2023年12月までにNISA口座を開設するとスムーズ！

新しいNISAに向けて準備しよう！

新しいNISAをきっかけに投資を始めるメリットは？

2ページで挙げた7つの要点をもっと簡潔にザックリ述べると、「高い自由度で老後資金を形成することができる」ということであり、それが新しいNISAのメリットと言えます。

長期にわたって非課税で運用することができ、その金額の上限も上がるため、**長期間の投資がより行いやすくなる**のです。老後に向けてコツコツ積み立てていくのにもぴったりです。

〇メリット
- 高い自由度で投資できる
- 老後を見据えた投資を行いやすくなる

✕デメリット
- 特になし

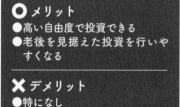

はじめに

本書を手にとっていただいたことをとてもうれしく思います。

今回、監修のお話をいただいたときに、「文庫本で」「30分くらいで読めそうなイメージ」などのコンセプトを伝えられ、「その案、すごくいいな！」と感じました。というのも、ＮＩＳＡに関する素晴らしい本はすでに多数ありますが、隅から隅まで読むなんて無理と感じるようなマニュアル本や参考書のようなものが非常に多いからです。そんなとき、軽くてお値段も安い文庫本で、ザックリ解説している雰囲気の本があったらすごくいい！と考えました。

ファイナンシャルプランナーとして起業してまもなく20年になりますが、最新の情報を常に追いかけて事細かに知りたい人ばかりではないことを常々感じます。

そんな方々にも大事なお金と向き合う方法のひとつとして「投資」について知ってほしいという思いから、監修を引き受けました。多くの投資初心者の方々に、この〝ザックリＮＩＳＡ本〟に偶然出会っていただけたら本当に幸せです。

そして、新しいＮＩＳＡをきっかけとして投資を始め、長い年月を経て思っていたよりも大きく育ったお金と再会してニッコリ笑ってほしいと願っています。

ファイナンシャルプランナー・社会保険労務士　川部紀子

Part 1 投資の魅力

知らないともったいない！ 初心者が気づかない投資の魅力

目次

Part 2 投資の基本
初心者が知っておきたい投資の基本15
損しないための基礎知識

Part 3 投資のコツ

「長期」「分散」「積立」が投資の3本柱

お金を貯める基本テク

Part 4
NISAの基本

NISAで投資するとなぜ得するの?
今さら聞けない……

Part 5
新制度の肝

お得がグレードアップ!「新しいNISA」で何が、どう変わるの?

教えて川部先生!

Part 6 NISAの手順

初心者でもかんたん！「新しいNISA」で投資を始めよう！

Part 7 投資の事例

年代別の実践アドバイス 「新しいNISA」でコツコツ増やす運用術

Part 1

投資の魅力

知らないともったいない!

初心者が気づかない投資の魅力

教えて
川部先生!

最近よく耳にするけれど、「NISA」って何？

最近、いろいろなところで「NISA《ニーサ》」という言葉を耳にするので、とっても気になっているんです。

確かに、よく聞くようになりましたね。NISAは2014年から始まった投資のための制度ですが、**2024年1月からこの制度が「新しいNISA」として大きく生まれ変わるんです。**制度が新しくなるのをきっかけに投資を始めたいという話もよく聞きます。

そうなんですね！　投資、資産運用……。私も始めないと、と思っているんですが、そもそもＮＩＳＡって何なんですか？　おいしい……わけはないか。お金のことだとはわかっているのですけど。

食べ物ではないので、食べられるわけではないのですが……、でも、おいしい思いができるかもしれませんよ！

おいしい思いができる⁉　やっぱり、みんな得したくって、ＮＩＳＡを始めているんですね。私も早く得したい！

でも、新しいＮＩＳＡの話をする前に、ひとつ伝えておきたいことがあります。**ＮＩＳＡは、必ず得をする「儲け話」ではない**ということです。その点をまず頭に入れておいてください。

そう聞くと、なんだか一気にハードルが高くなるような……。それと、老後のためにNISAを始めたなどという話もよく聞きます。

投資したお金は増えたり減ったりします。**長い目で見て結果的に増えたらいいな、というのがNISAを始める際のおすすめの考え方**です。老後まで長い間続ければ、増える可能性も高まります。

なるほど。長い時間が必要なんですね。でも、投資って、やっぱり私にはむずかしそう……。

投資で使われる専門用語は、最初は耳馴染みのないものばかりかもしれません。でも、仕事をはじめスポーツや趣味だって、最初は知らない言葉が出てきますが、じきに慣れてくるものですよね。肩肘

張らずに始めてみてください。

誰だってまずは初心者。まずは始めてみることですね！

その意気です。**多くの投資初心者がNISAをきっかけに投資を始めていますよ。**最近は投資をする若い人も増えてきました。

ただ、その前に「投資とは何か」を知ることがとても大事です。まずは、資産を増やせるよう、投資を始める前に初心者が知っておきたいことをお話ししますね。

NISAは「投資の制度」のことで、「儲け話」ではない

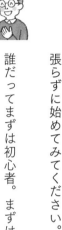

初心者の前に立ちはだかる「3つの壁」を乗り越えよう！

▽物価高騰や年金減額――お金の不安が続く時代

お店で買い物をしていると、少し前まで100円だったものが120円になっていて驚いた――そんな経験をしたことがある人も多いのではないでしょうか。身近な例を挙げると自動販売機のジュースや缶コーヒーの値段も少しずつ高くなっていて、200円、300円、さらには500円……と、今後も値上がりしていくかもしれません。

モノは高くなっているのに、一方で給料はなかなか上がらない。そして年金は支給額が減っているし、もらう時期もさらに遅くなるかも……。つきまとうお金の不安を解消するため、「今こそ投資だ！」と思っている人も多いことでしょう。

そうした世の中の状況に応えるように、「新しいNISA」が2024年1月からスタートします。制限の多かったこれまでのNISAに比べ、さまざまな制限がなくなり、使いやすい制度になります。

▽投資に対する〝勘違い〟に気づくのが第一歩

そこでいよいよ重い腰を上げようとするものの、それでも始められない人も多いことでしょう。**投資初心者には「3つの壁」がある**と言えます。

NISAは気になる。でも、投資で損をするのは嫌だ——そのように考えて、尻込みする人も多いかと思います。**投資を始めようとするみなさんの前にまず立ちはだかるのが、この「投資を〝やる〟〝やらない〟の壁」**でしょう。

確かに投資は損をする可能性がありますが、もちろん得をする可能性もあるのです。のちほど詳しく述べますが、仮に100万円を※利回り3%で10年間運用できたら、どれくらいの利益が出ると思いますか? **100万円が134万円以上になる——その可能性をもっているのが、投資**です。

そして、投資に魅力を感じ、「さあ、やろう」とした際に生じる**手続きの億**《おっ》

※利回り：投資金額に対する収益の割合のこと。1年間の収益の割合である「年利回り」で示されることが一般的

投資初心者の「3つの壁」と乗り越え方

1

投資をやるかやらないかの壁

投資ってなんだか怖そう……

↓

損をする可能性だけでなく、どれくらいのリターンが期待できるものなのかも知ろう

2

手続きの壁

複雑な手続きは面倒だな……

↓

銀行口座開設と大差なし。インターネット上で手続きが完了する場合もある

3

商品選択の壁
➡26ページ参照

変なものを買って損するかも……

↓

「何を買うか」だけで損益が決まるわけではない。リスクとのつき合い方を知ろう

劫《くう》さが投資の2つめの壁――「手続きの壁」です。投資用の口座というと、なんだか大層な印象を受けますが、みなさんがおもちの銀行口座の開設と大きく変わるわけではありません。何より**金融機関に足を運ばなくてもインターネット上で手続きは完了する**場合もあります。スマートフォンと運転免許証などの本人確認書類が手元にあれば、自宅にいながら2週間ほどで開設できるのです。

豊かに暮らしていくためには、貯蓄に投資をプラスしたい

▽「何を買うか」だけで損益が決まるわけではない

投資を始めようとして、意気揚々と投資用の口座を開設。しかし、いざ証券会社などのサイトを見ると、いろいろな株や投資信託があって何に投資すればよいのかわからない――売買の画面に向かったところで、はたと手が止まる人も多いでしょう。

数ある株や投資信託のなかから何を買えばよいのかわからず、「損をしたく

ない」などという気持ちが強く出てくると、さらに迷ってしまいます。

これが**3つめの壁である「商品選択の壁」**です。

投資は、どの商品を買うか次第で得するか、損するかが決まると思う人も多いのではないでしょうか。確かに、そう考えてしまうとなかなか一歩目が踏み出せませんよね。

もちろん**商品選びも重要なのですが、リスクとうまくつき合っていくコツがある**のです。ギャンブルのように何か一点を買い、命運を委ねるということはありません。

▽「新しいNISA」が始まる今こそ投資を始めるタイミング

また、いわゆる「最も安全な商品」を選ぼうとすると、まず頭に浮かぶのが定期預金ではないでしょうか。この商品選びについて、ひとつつけ加えておきたいお話があります。

「100万円の自動車を5年後に買いたい」と思って、5年前に定期預金に100万円を預けていたとします。いざ買おうと定期預金を全額引き出すと、100万1501円。一方で、物価が上がったことで自動車の値段は103万円ほどに……。日本は数年前まではデフレだったので、5年前と比べて、そこまで値段が上がっているわけではないのですが、それでも定期預金ではとても追いつけないレベルに値上がりしています。

左ページの図は、定期預金の※金利と世の中の物価がどれだけ上がったか、インフレ率の推移を示したものです。

今となっては想像もできませんが、1970年代には、金利が7%を超えるような定期預金がありました。物価も安く、そのころには投資などは考えなくてよかったわけです。しかし、現在は状況が違います。

ただし、ネガティブな話ばかりではありません。物価が上がったり低金利に

※金利：お金の貸し借りにおいて、借りた人が貸した人に対して上乗せして支払う対価の割合のこと

定期預金の金利とインフレ率の推移

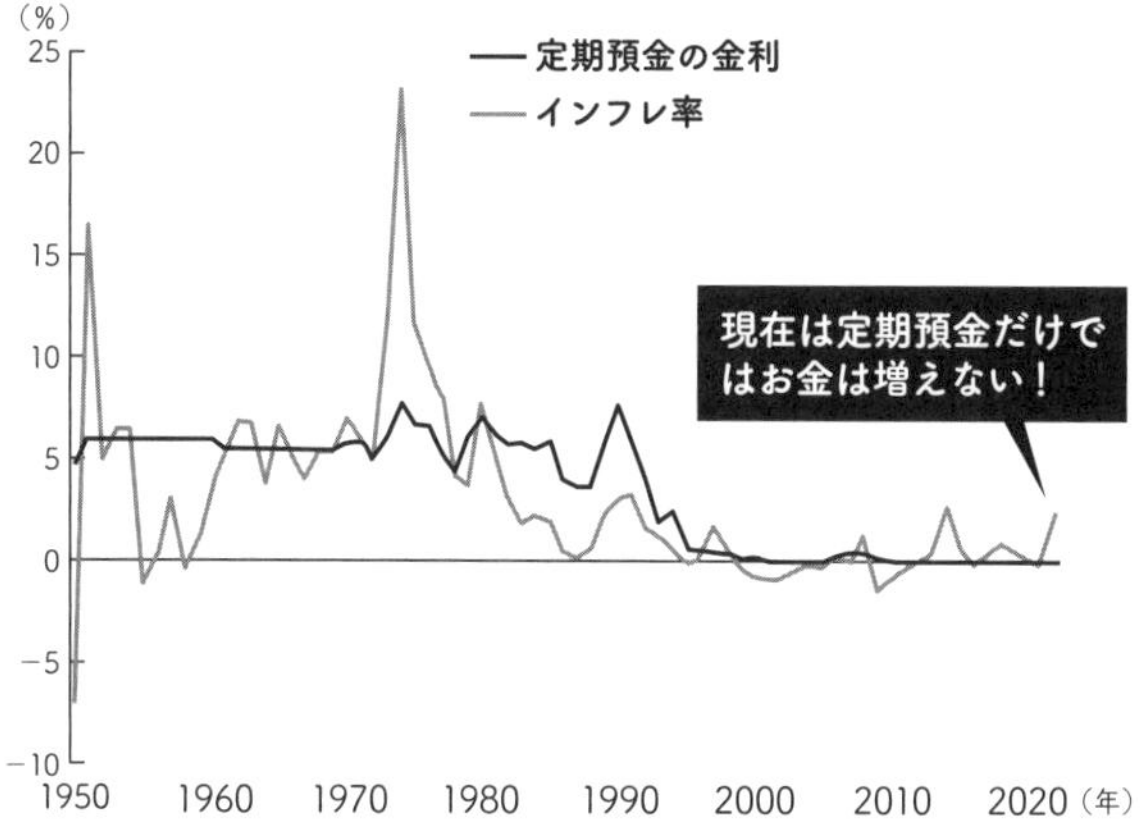

出所：日本銀行、総務省などのデータをもとに作成

なったりしている一方で、昔とは比べものにならないレベルで投資の環境が整いました。証券会社に出向いて買っていた株や投資信託が、今ではスマホで買えるのです。

貯蓄（預金など）は生活を支えるために大事なものなので、確保するべきものです。そして**貯蓄に加えて、これからの時代を豊かに暮らすために注目されているのが、「投資」**なのです。「新しいNISA」が始まる今こそが、投資を始めるよいタイミングと言えます。

お金がうまく働けるように使うのが「資産運用」

▽「お金を働かせる」のが運用、お金が働く場所が投資

24ページで尋ねた「100万円を利回り3％で10年間運用できたら、どれくらいの利益が出ると思いますか？」という問いにお答えしたいと思います。ただし、その前に、そもそも「運用」とは何かについて考えてみましょう。

運用という言葉を辞書でひくと、「働かせ、用いること」「そのもののもつ機能を生かして用いること」などと書かれています。

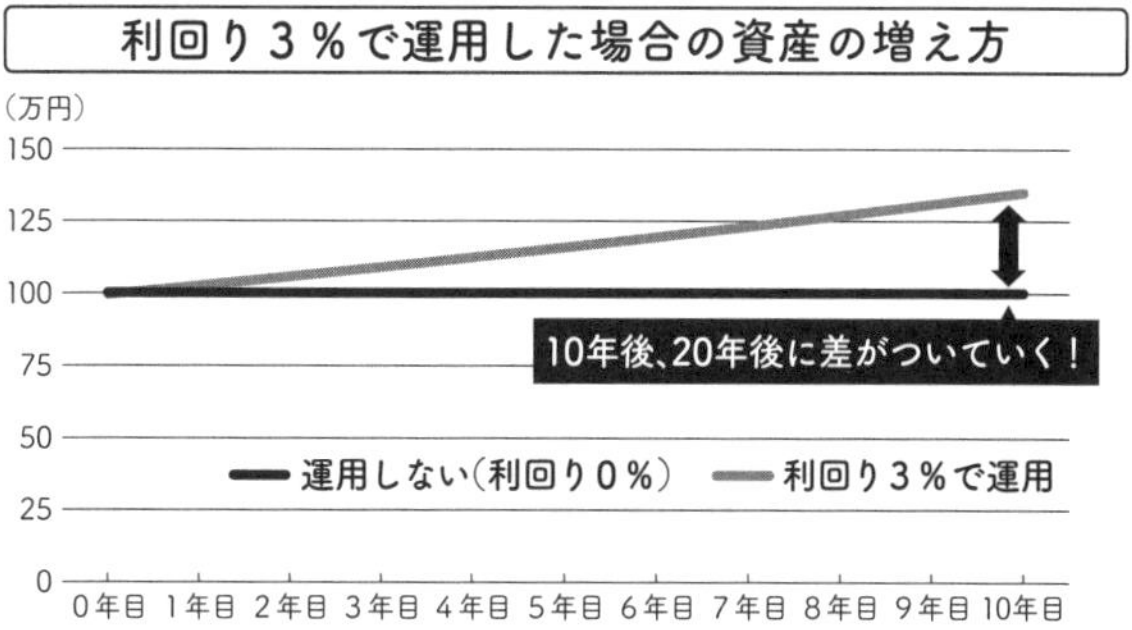

つまり資産運用とは、資産の特徴を生かして働かせるように使うことというわけです。

お金をいかに働かせるか――そのお金が働く場所こそが投資です。

▽100万円が10年間で約34万円増える

では、仮に利回り３％でお金が働くとどうなるでしょうか。

上の図を見てください。１００万円が利回り３％で増えて、その増えた分がさらに３％で増えていくと、10年間で１３４万３９１６円になります。

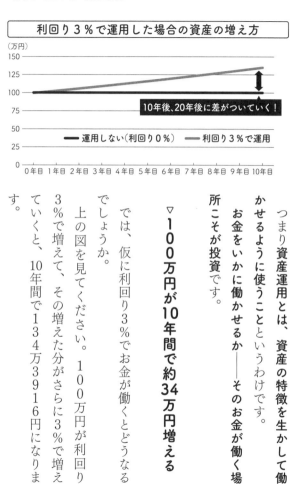

「利回り」のすごさを実感！運用によって現れる大きな差

▽金融庁のサイトでお金の増え具合を確認しよう

これから順を追って、年3％、もしくはそれ以上にお金を増やす方法をお話ししていきますが、その前にこの「利回り3％」がどれだけすごいことになるか、あらためて実感してもらいたいと思います。

もしかすると、3％と聞くと、「たったそれだけ？」と思う人がいるかもしれません。確かに、「2倍、3倍になる！」といったことを期待している人か

金融庁の「資産運用シミュレーション」

こんなことがわかる！

- 将来いくらになる？
- 毎月いくら積み立てる？
- 何年間積み立てる？

https://www.fsa.go.jp/policy/nisa2/moneyplan_sim/index.html

使い方は次のページの図をチェック！

あくまでシミュレーションなので、いろいろな数字で試してみましょう！

らすると、3％はわずかな数字のように思うでしょう。

でも、この「3％」をあなどってはいけません。

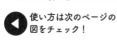

まずは実際に数字に触れてみましょう。**金融庁のサイト内に、毎月の金額、年間の利率、運用する期間を設定すると結果的にいくらになるのかを算出できるページ**があります。

上にQRコードを掲載しておきました。ここから「**資産運用シミュレーション**」のページにとんで、いくら積み立てて、どのくらいの利回りで運用

資産運用シミュレーションの使い方

▶ 将来いくらになるかを調べる場合

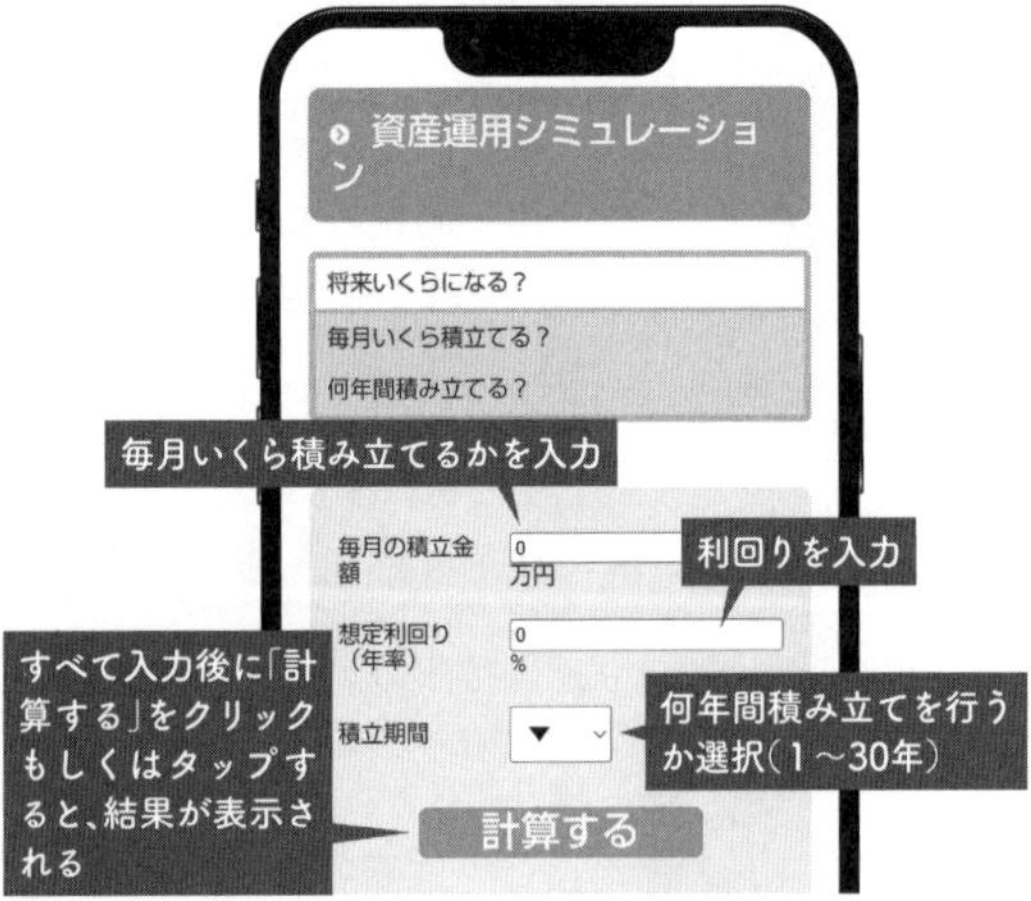

できたら合計でいくらになるのか、実際に入力しながら確認してみてください。

投資する目標の金額が具体的になると、投資への気持ちもグッと高まるのではないでしょうか。

▽月1万円で88万円増

自分が毎月いくら、利回り○%で何年間積み立てていくとどれだけ増えるのかは、前ページで紹介した金融庁のサイトを利用して確認してもらうとして、ここでは例を示しておきましょう。

仮に毎月1万円、利回り3％で20年間運用できたとすると、20年後には328万3020円になります。毎月積み立てた金額の合計（※元本《がんぽん》）が240万円なので、残りの88万3020円が、運用によって増えた額――つまり投資の収益です。実に**約1・37倍に増えた**ことになります。

これが1％だと運用益は25万5612円にとどまります。**その差は実に62万7408円**です。ちなみに、定期預金の利回り0・03％だと運用益は7184円にしかなりません。

3％は小さな数字に思われるかもしれませんが、このように実際の数字で見ると、大きな違いとなっていくことがわかるでしょう。そして、投資では、5％、7％、2桁の利回りも大いにある得ることなのです。**利回りのすごさを実感**してもらえたでしょうか。

※元本：投資の元手となるお金のことで、株や投資信託の購入代金などが該当する

利回り１％と３％の比較

▶ 利回り１％で１万円を20年間積み立てる場合

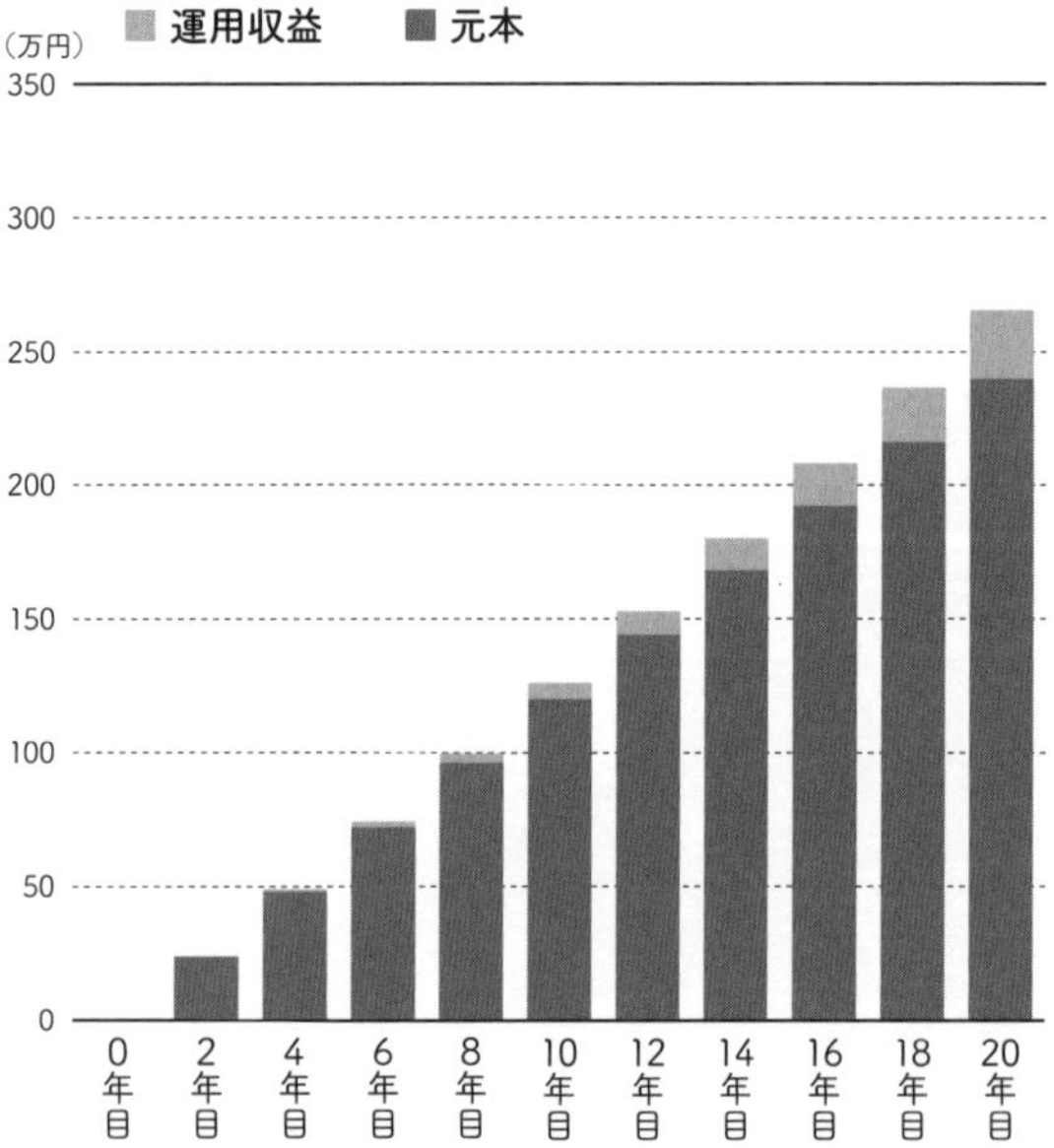

元本：240万円
20年目の資産：265万5612円 ➡ 20年間で約**25.6万円**増

▶ 利回り３％で１万円を20年間積み立てる場合

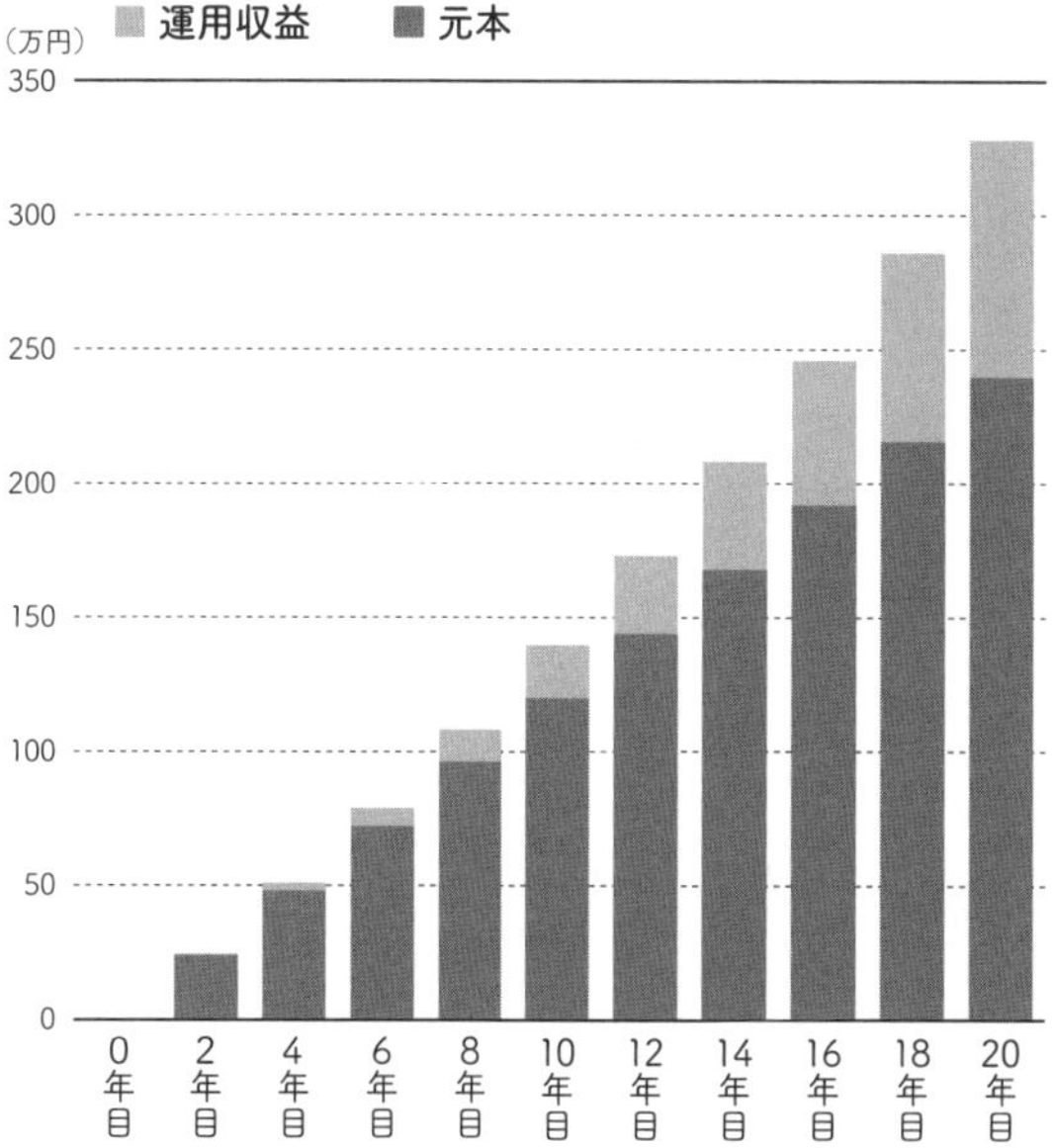

元本：240万円
20年目の資産：328万3020円
➡ 20年間で約88.3万円増

利回りが大きいほうが増える金額も大きくなります！

お金を増やすためにはどうしたらいいの？

▽増やす方法にはいろいろな種類がある

ここまで利回りの話をしてきました。
お金を積み立てていきながら、3％で運用することができれば、20年後には1.4倍近くにお金が増えるわけですが、では、どのように3％で運用するのかが、みなさんが最も知りたいところでしょう。

その答えが、[※1]**投資**です。

※1　投資：お金を増やす手段のひとつ。中長期的な視野で事業や不動産に出資し、コツコツとお金を増やしていくこと

「投資」と一口に言っても、いろいろな種類があります。なかには元本を10倍に増やしたり、1カ月で倍にしたりといった一攫千金の投資手法があるのも事実です。

しかし、そうした方法は難易度がきわめて高く、かつ運に大きく左右される「※2投機《とうき》」と言われるものです。なかには投資と投機を一緒くたにしている人もいますが、分けて考えましょう。投機をやるのであれば、なくなっても困らないお金で行うべきです。

▽そもそも投資とは何か

「貯蓄」はお金を蓄えることで、「投資」は利益を見込んでお金を出すことです。

この会社は今後成長して稼いだ分を還元してくれそうだ。だからこの会社に

※2　投機：お金を増やす手段のひとつ。短期間で大きな利益を得ようとするものだが、利益を上げ続けるのは専門家でさえ困難

お金を出そう、というのが「株式投資」です。

具体的には、その会社が発行している株式を買うことになります。ほかにも、債券、不動産など、さまざまな投資があります。

先ほどお話しした「利回り○%で運用してお金を増やす可能性をもつ」ためには、この※1株式や※2投資信託などを買って、よいタイミングで売っていけばよいわけです。

もちろん、ただ買って売っていれば儲かるわけではありませんし、投資したお金――「元本」は保証されていないので、損をする可能性もあります。

そして、運用中にはお金が増えることも減ることもありますし、もし最終的に儲かったとしても、その利回りが何%となるかはわかりません。例えば、利回り3%を目標に運用しても、3%に届かない場合もあるし、うまくいけばよりよい利回りになる場合もあるということです。

※1　株式：投資の一種。会社に出資するという意味合いをもち、会社が利益を上げると投資家に利益が還元されていく

▽利益を見込める一方で損をする可能性もある

儲かるかもしれないし、損するかもしれないと聞くとギャンブルのようにも思えるかもしれませんが、そもそも、投資とギャンブルとではしくみが違います（48ページ参照）。

ギャンブルはゼロサムゲーム。参加した人たちでお金を取り合うものです。一方で、株式や投資信託は企業が成長していけば、買って長期間もっておくなかでお金が増えたり減ったりしていきます。

投資に必勝法はありません。しかし、しくみを知っておくことで値動きを冷静に受け入れながら、投資と上手につき合えます。

投資と上手につき合いながら、損を極力抑え、利益をなるべく増やすことを目指していきましょう。

※2　投資信託：投資の一種。たくさんの投資家から集めたお金を資金として、運用を行う会社が複数の株などに投資を行う

お金を増やしていくための投資にはどんな方法があるの？

▽投資先ごとに価格の変わり方が違う

先ほど、投資にはいろいろな種類や方法があるとお話ししましたが、まずはインフレになっても問題ないように、3％以上で運用することを目標に話をしていきましょう。

投資には株式、FX、債券、投資信託、外国通貨、暗号資産（仮想通貨）や、ほかにも不動産など、さまざまなものがあります。

詳しくはＰａｒｔ２以降で紹介しますが、**それぞれしくみが違うので、上がったり下がったりする振れ幅も違う**のです。株は証券取引所という場所で取引されますが、各企業の好不調や経済の状況でその値段は変わります。

ほかに投資と聞いて思い浮かべるのはＦＸですが、これは各国通貨の取引を行う為替市場で取引されます。各国の通貨の価格の変動を利用して、差額で儲ける金融商品です。

そして、一定の方針のもとに※運用会社が運用するのが投資信託。いろいろな企業の株や債券など、値動きのあるものを買って、利益が出るように運用しています。

ちなみに、不動産投資などもよく耳にすると思いますが、これはアパートなどを買って、ほかの人に貸すことで利益を出すものです。空室となればお金は入ってきませんし、家賃を高く設定できなければ赤字になります。

※運用会社：投資家たちから集めたお金で投資信託の運用を行う会社。運用を行う人は「ファンドマネージャー」と呼ばれる

▽商品選択の壁を越えられる投資信託

ここまでの説明で、投資の種類ごとに大きく儲けられそう、もしかしたら大きく損しそう、などとイメージできるのではないでしょうか。

株式で見てみると、例えば日本が誇る最強メーカー、トヨタ自動車の株式は安定していそうだと感じる人が多いかもしれません。一方で、ここ数年で勢いをつけてきたIT企業は、会社をより大きくするかもしれないと思う人がいれば、落ち込むかもしれないと思う人もいそうです。

FXは、各国の状況に精通していないとどの国の通貨がよいかわかりません。大きな戦争などが始まれば、周囲の国の通貨もどう動くのか想像がつかないでしょう。

一方で**投資信託は企業の株などいろいろなものに投資するわけですから、そ**

のうちいくつかが不調でも、ほかのいくつかは業績を伸ばす可能性が高いです。こうして平均値をとっていくと、例えばどこかの会社を選んで株式投資をするのに比べ、急激に値段が上がることはない一方で、急激に値段が下がることもありません。

こうして、株や債券など複数のものに投資していけば、一社の株などをひとつだけ買うより値動きは抑えられます。それには**手間とお金がたくさん必要になるわけですが、その手間とお金を大幅に省けるのが投資信託**なのです。

▽初心者はNISAで投資信託を購入するのがおすすめ

そのため初心者は、**まずは投資信託で投資を始めることがおすすめ。投資信託は、株式投資ほどの儲けを期待しない代わりに損する額も抑えて、定期預金などよりもずっと魅力的な利回りで運用していくための方法**なのです。

NISAを活用する意義

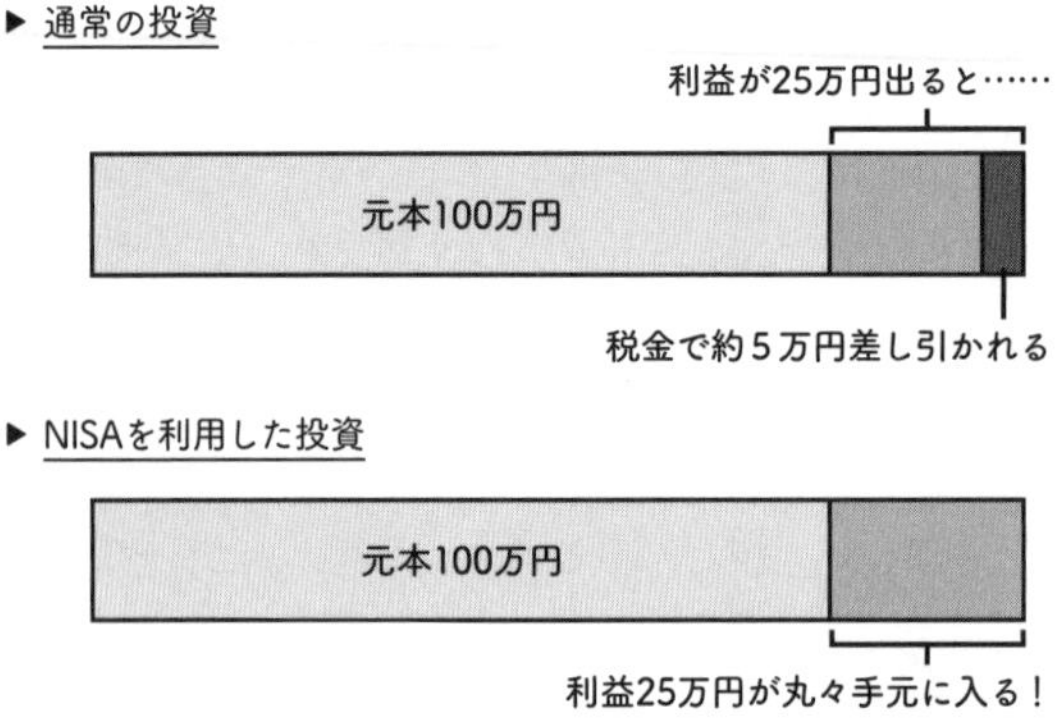
▶ 通常の投資
利益が25万円出ると……
元本100万円
税金で約５万円差し引かれる
▶ NISAを利用した投資
元本100万円
利益25万円が丸々手元に入る！

その上で、ここで儲けた分をより多く手元に残すための方法が、本書の本題である「ＮＩＳＡ」なのです。

投資は儲けることができたら、それでめでたしというわけにはいきません。儲けた額から税金が引かれます。その税率、実に20・315％！

自分のお金が生み出した儲けから、そんなに税金が引かれてはたまったものではありません。**ＮＩＳＡは儲けに対しての税金が引かれない制度ですから、利用しない手はありません。**

Part 2

投資の基本

損しないための基礎知識

初心者が知っておきたい投資の基本15

教えて
川部先生!

投資は損をしそうで怖い。ギャンブルとは違うの？

いい加減投資を始めなきゃとは思うのですが、ど素人が始めても損をするだけだと思うし……。ギャンブルとは違うんですか？

投資とギャンブルはまったく別物です。そういうことを言っていると、悪質な投資詐欺に騙されますよ。

でも、どちらもギャンブル性が高そうで怖いです。それに、成功すればお金が増えて戻ってくるという点では一緒のような……。

その「お金が戻ってくるしくみ」が違うんです。競馬ではギャンブルの主催者が一定の利益を差し引いた後、残ったお金を当てた人で分けます。

勝った人はたくさんお金を受け取り、負けた人はゼロになるというわけですね。全員が勝つことはあり得ない、と。

その通りです。いわゆるゼロサムゲームですね。一方で、投資はどうでしょうか。

例えば株式投資の場合、みんなが出し合って集まったお金はすべて投資先の企業の資金となります。企業は、その資金を元手に利益を上げて、蓄積した利益を株式を保有している人（株主）に分けていきます。**企業が順調に業績を伸ばしていけば、企業も投資した人も**

全員が儲かるというわけです。

だけど、必ずしも利益が上がるとは限らないんですよね？

そうですね。もちろん、うまくいかない場合もあります。そうならないためにどの企業に投資するのか、いつ売買するのか、考える必要があります。

なんだか、むずかしそうですね……。

かもしれません。でも、どの企業が今後業績を伸ばしていくのかを考え、そして実際にお金を出すということは、世界の経済に参加するということです。身の回りのことももちろん大切ですが、**日本や**

世界がどうなっているのかに興味をもって投資を行うのは、とても意義深いことだと思いますよ。

投資は、お金を増やすためのマネーゲームではないってことですね。経済のことを知って、どこに投資するかを考えます！

早速ですが、何に投資すればいいんですか？

まずは、投資のしくみをもう少し詳しく学んでいきましょう。少なくとも、ゼロサムゲームになるようなものを選んではダメですよ。

投資は怖いものじゃない！　まずはしくみを知ろう

投資における「リスク」は、「値動き」を意味する

▽「リスク＝損」ではない

ギャンブルと投資は別物だと説明しましたが、「つまり投資って、ギャンブルよりもリスクが低いということ？」と考える人もいるでしょう。

もちろん、投資にもリスクの高い商品・リスクの低い商品があります。ただし、この「リスク」は、みなさんが普段の生活で口にする「リスク」とは異なる意味をもちます。まずは、投資における「リスク」とは何かについてお話し

しましょう。

▽プラスとマイナスのリターンの振れ幅が「リスク」

ギャンブルや普段の生活において、「リスク」は「危険」という意味で使われます。「リスクが高い」と言えば、「危険なことが起こる可能性が高い」という具合です。そのため、お金とリスクという言葉をセットで聞くと、「損をするのでは……」と身構えてしまう人が多いのです。

しかし、**投資における「リスク」は、必ずしも「損」ではありません。**詳しくは56ページで解説しますが、投資にはプラスのリターンとマイナスのリターンがあります。平たく言うと、**プラスのリターンは利益、マイナスのリターンは損失のこと。**そして、**このリターンの振れ幅こそが「リスク」**です。

つまり、振れ幅が大きい＝「大きな利益を得る可能性」も「大きな損失をする可能性」もあるものを「リスクが高い」、振れ幅が小さい＝利益は小さいが損失も抑えることができるものを「リスクが低い」と言います。

▽**「リスク＝値動き」と捉えよう**

投資について考えるとき、リスクという言葉が度々登場します。「危険」「損」といったネガティブなイメージで捉えないよう、まずは**「リスク」を「振れ幅」、投資の用語で言うと「値動き」に変換する**とよいでしょう。

例えば、「リスク8％」と「リスク15％」の金融商品があった場合、値動きに変換すると、「15％の金融商品のほうが、値動きが大きい商品」とわかり、イメージもしやすくなるはずです。ここでよく、損をする確率が8％、15％と思ってしまう人がいますが、そうではありません。まっとうな投資では、「**リスク＝値動き**」です。ぜひ覚えてください。

投資における「リスク」の意味

それ**リスクが高い**ですよ！

普段の生活では……

リスク＝危険

➡危険なことが起こる!?

投資の世界では……

リスク＝利益の振れ幅

➡大きな利益を得る可能性も、
大きな損失をする可能性もある

「リスク＝損」ではないと覚えよう！

商品A：リスク15%

商品B：リスク8%

商品Aのほうがリスク＝**値動き**が大きい！

投資における「リターン」には、プラスとマイナスの意味がある

▽利益はプラスの「リターン」の状態

前節で、投資と普段の生活とでは「リスク」の意味が異なると説明しました。リスクと同様、「リターン」という言葉の使い方も、投資では少し違ってきます。

「リターン」と聞くと、「儲け」のようなポジティブな印象を抱く人もいるでしょう。もちろん、それも間違いではありませんが、投資においては少々意味

合いが異なります。

投資したお金のことを「元本《がんぽん》」と言いますが、**投資対象が値上がりしたことによって、元本よりも上回っている場合は、「プラスのリターン」の状態**と言えます。一般的な「リターン」の意味と同じです。

▽損をした場合も「リターン」である

プラスがある以上、「マイナスのリターン」というものも存在しています。

「マイナスのリターン」とは、投資対象が値下がりして元本を下回っている状態を表します。

投資では、このプラスのリターン、マイナスのリターンを行ったり来たりして、**結果的にプラスであれば利益を得られ、マイナスであれば損失になる**わけです。

そして、このプラスのリターンとマイナスのリターンの値動きの大きさを「リスク」と言うわけです（52ページ参照）。

▽金融商品・資産ごとの「リスク」と「リターン」を知っておこう

リスクとリターンの関係は、金融商品や資産ごとに異なり、左ページに示したように分布しています。リスクを抑えたい場合は預貯金や個人向け国債、リターンを重視したい場合は株式（外国株式）が向いているでしょう。

忘れてはいけないのは、**リスクが小さいほどリターンも小さく、またリターンが大きいほどリスクも大きい**ということです。くれぐれも「ローリスク・ハイリターン」のものはあり得ないことを、肝に銘じておきましょう。

リスクとリターンの関係

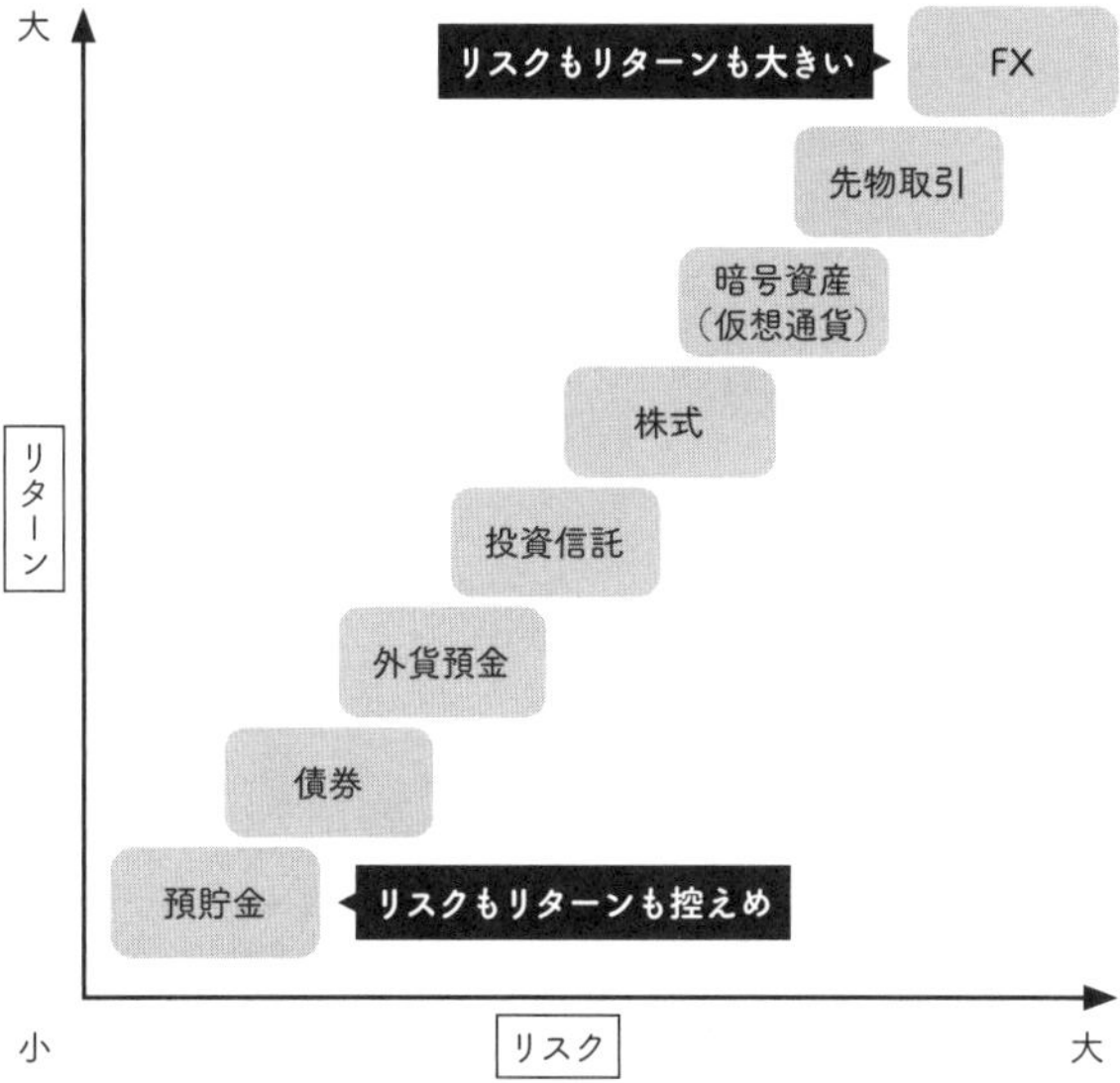

- リスクを抑えたい人 ▶ 預貯金や個人向け国債
- リターンを重視したい人 ▶ 株式

投資にローリスク・ハイリターンはあり得ません！

投資の基本 3

NISAでこそ、リスクを恐れずに投資すべき!

▽NISAでは値動きの大きな商品を買おう

NISAの最大のメリットは、**利益から約20%の税金が引かれない**という点にあります。

ここで覚えておきたいのは、**NISAにおいてはあえてリスクをとることが大切**ということです。リスクをとるということは、値動きの大きい商品を買うことになります。

▽利益が増えるほど節税効果が高まる

例えば、通常の投資で1万円の利益が出たら、差し引かれる税金は約20％の2000円です。しかし、NISAではこの税金が引かれません。2000円くらいであれば「まあ、いいか」と思う人もいるでしょうが、これが10万円の利益で、2万円差し引かれるかどうかとなれば、「ちょっと待ってくれ！」と思うでしょう。

つまり、**利益が増えれば増えるほど節税効果が高まる**わけです。NISAの恩恵を最大限に受け取るなら、リスクをとりたいところです。

リスクの小さな商品を購入すると、値動きが小さいので、値下がりしても損をする額も少ないです。一方で利益も少なくなります。利益が少なければ、かかる税金も少額です。そのため、非課税になってもならなくても、大きな違いはないと言えるでしょう。

一方、リスクの大きな商品を購入すると、値動きが大きい分、利益が増え、税金も増えます。この税金が多ければ多いほど、税金がかからないNISAで運用する意義が大きいと言えます。

▽リスクの小さい商品は通常の口座で買うのもひとつの方法

2024年から始まる「新しいNISA」では、**税金がかからず（非課税）投資できるのは、生涯で1800万円まで**という枠が決められています。また、**年間の投資可能額は360万円が上限**です。

これから投資を始める人のなかには、1800万円、360万円という額がピンとこない人もいるでしょう。しかし、なかには思いっきり投資ができると喜んでいる人も多くいます。もし、年間の最大投資枠360万円では足りない

利益による節税効果の差

投資をして得た利益が1万円の場合	投資をして得た利益が10万円の場合
1万円の20%	10万円の20%
↓	↓
かかる税金は2000円	かかる税金は2万円

利益が大きいほど節税効果が高まる！

という人は、リスクの小さい商品を買うのだとしたら、利益が少なく、税金も少なくてすむため、NISAの枠を使わず、通常の口座で買うのもひとつの方法です。

　また、いくら節税になるからといっても、値動きの大きな商品を買うのは怖いと感じる人もいるでしょう。その場合は、「リスクの高い商品に少額投資する」ようにしてみてください。無理のない範囲で構わないので、**ある程度リスクをとってでも、利益を狙うことが大切**なのです。

投資する対象は、あなたのリスク許容度で変わる

▽どれほどの値動きに耐えられるのか？

投資をするにあたって、まず考えるのは「何を選んだらいいんだろう？」ということでしょう。

どれに投資するかは、受け入れることができるリスクの大きさによって異なり、この「**どのくらいのリスクを許容できるのか？**」の**度合いを「リスク許容度」と呼びます。**

多少損をしても生活に支障がない状況の人はリスク許容度が高く、わずかな損でも生活に大きく影響する人はリスク許容度が低いと言えます。

リスク許容度にはほかにもいろいろな要素があります。

例えば「年齢」――つまり「投資できる期間」や、「お金の準備」が十分かそうでないか、そして「投資に対する関心」が高いか低いかなどです。また、これに関連して「性格面」も含まれ、心配性で株価の動きが気になり夜も眠れなくなってしまうという人は、リスク許容度は低めと言えるでしょう。反対に、多少の値動きは全然気にしないという人のリスク許容度は高めと言えます。リスク許容度については67ページの図にまとめているので、自分がどれに当てはまるかを確認してみてください。

▽リスク許容度が高い人は、リスクの高い商品を買う

リスク許容度がわかると、自分が何に投資できるかがわかります。例えば、**リスク許容度が高い人は、リスクの高い商品に投資できます。**

59ページの図で商品ごとのリスクを示していますが、株は、FX、暗号資産（仮想通貨）などの次にリスクの高い部類に入ります。

この**リスクをとりながら高いリターンを見込める株をどれだけの比率で買うかが、リスク許容度次第**と言えるのです。

商品ごとの比率については、のちほど説明しますが（140ページ参照）、

リスク許容度の考え方

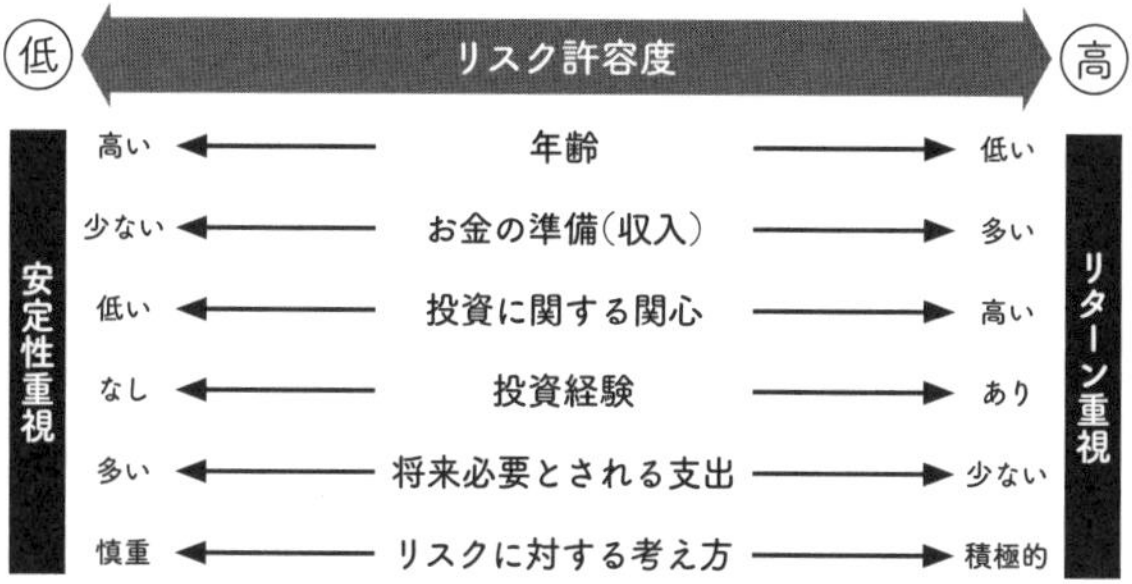

例えば投資に回せるお金が手元に50万円あるとして、このうち20万円分の株を買うのか、5万円分に抑えておくのか、リスク許容度によって考えるという話です。ここではリスク許容度が高ければ、値動きが大きい株を買う比率を高めて利益を狙い、そうでなければ株を買う比率を下げるということだけ覚えておいてください。

また、念のためにお伝えしておくと、FXや暗号資産（仮想通貨）はリスクが高過ぎるので、リスク許容度が高くても投資初心者にはおすすめしません。

会社の株式を買うとは、その会社に出資すること

▽長期的に成長しそうな銘柄に投資して利益を期待

金融資産、投資するものの代表としてまずみなさんが思い浮かべるのが「**株**」でしょう。豊洲市場といった魚の市場があるように、株にも「株式市場」という市場があり、毎日大量の株が市場で売買されています。この**市場で売買できる株のことを「上場株式」**と言います。現在、取引は電子化されているので、インターネット環境があればどこにいても注文を出すことができます。

「株を買う」とは、その会社に出資をするということです。株を買う＝儲けるというイメージをもっている人も多いかもしれませんが、元来、株を買う＝その会社に「がんばってね」という気持ちを込めて出資するという意味があるのです。株式会社は、株主による出資のおかげで事業活動を行うことができます。画面上で注文を出すだけだとなかなかイメージしにくいかもしれませんが、投資家の役割は大きいのです。

とは言え、**株に投資をする場合、元本は保証されず、儲かったらどれくらい還元されるのかなどの「約束事」が一切ありません。**経営が行き詰まれば、株価が半分になることも、ほぼ無価値になることもあり得ます。そのため、ハイリスク・ハイリターンという位置づけなのです（59ページ参照）。

しかし、**NISAでは長期投資が可能**です。**長期的に見たときに成長すると思える企業を選べば、日々の値動きに惑わされずに長期投資できます。**

株主は配当金や株主優待をもらえる権利をもっている

▽配当金で利益を得る

株は、投資家（のちの株主）が出資をして、それを元手に会社が事業運営を行います。その後、決算を迎えたときに利益が出ていたら、会社は「投資してくれたおかげです」と、出資額に応じてお礼をします。この**お礼は配当金と呼ばれ、株価の2％前後の金額が支払われることが多い**です。

回数は1年か半年に1回、業績が好調だと支払われることが多いですが、それはあくまで各企業の考え方次第。毎年必ずもらえるとアテにできるものではありませんが、なかには数十年も連続で配当金を出している企業もあり、そうした企業の株を保有していると、**一定期間ごとに利益を得る**ことができます。

▽株主優待は日本特有の制度

株を保有していると、配当金のほかに株主優待を受けられることもあります。株主優待の実施の有無、優待の内容は会社ごとに異なりますが、例えば**その会社の製品や割引券などを得ることができる制度**です。

株主優待は日本特有のものですが、本来の株のしくみからは少し外れたもの。優待を廃止する企業も増えており、もらえたらラッキーな〝おまけ〟くらいに考えておくとよいでしょう。**株主優待で300円分の商品をもらっても、株価がそれ以上の幅で値段が下がってしまっては意味がありません。**

株をどのように売買すると利益が出るの？

▽株価が、買ったときよりも値上がりしていればOK！

1年か半年ごとに受け取れる配当金で利益を積み重ねている人も多いですが、株で得られる利益として、多くの人が思い浮かべるのが「**キャピタルゲイン**」でしょう。

キャピタルゲインとは、保有している資産を売る際に得る売買差益のことを指します。つまり株価の値上がりによる収益で、例えば**100万円で買った株**

が105万円になっているタイミングで売った場合、差額として生じた5万円がキャピタルゲイン＝利益になります。

一方で、売却するときの価格が購入したときの価格より下がっていることもあります。その場合はキャピタルゲインを受け取れず、反対に差損を被《こうむ》ることになります。

いわゆる「儲け」と「損」は、このようなしくみになっています。

▽儲けも損もあるから「リスク高」

資産の保有中に得られる収益を「インカムゲイン」と言い、**インカムゲインの一種である配当金は、株価の数％――高くても4％程度の金額の支払いが一般的**です。一方、キャピタルゲインは、株価が大きく値上がりしているタイミングで売ることができれば、買った金額を大幅に上回る利益を得ることができる可能性もあります。

つまり、**株で大きな利益を狙うには「株価が値下がりしているときに買って、株価が値上がりしているときに売る」**のがポイントということです。

ただし、それができれば誰も株式投資で苦労しません。**株価がどう動くかは誰にもわかりません**し、リーマンショックやコロナショックといった世界的に大きなトラブルが生じた際、もちろん株価も無傷ではいられません。

また、株は「業界のトップ企業であれば安心」と言い切ることは、むずかしいものです。業績が好調でも、スキャンダルひとつで株価が値下がりする企業のニュースを見たことがあるでしょう。なかでも今世間に注目されているような新興企業など**プラスの値動きの大きそうな企業の株を選ぶと、その分、マイナスの値動きも大きいため、大きな損失を被る可能性があります。**

どのくらいの値動きに耐えられるのか、自分のリスク許容度（64ページ参照）をよく考えた上で、どれくらいの金額で株を買うかを決めましょう。

インカムゲインとキャピタルゲイン

	インカムゲイン	キャピタルゲイン
特徴	資産を保有している間に得ることができる収益	保有している資産を手放すときに得ることができる収益
具体例	・配当や利息 ・不動産投資の家賃収入	・株の売却益 ・不動産の売却益
金額	小さい	大きい
リスク	低い＝安定	高い＝不安定

インカムゲインのしくみ

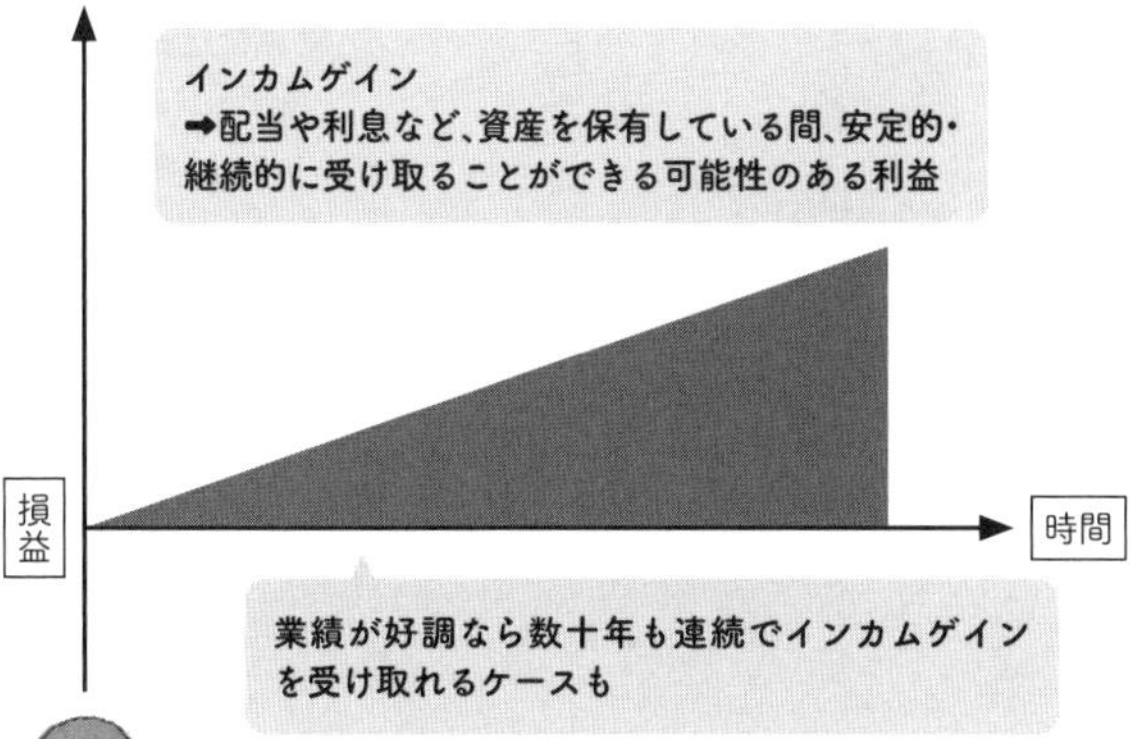
インカムゲイン
➡配当や利息など、資産を保有している間、安定的・継続的に受け取ることができる可能性のある利益
損益
時間
業績が好調なら数十年も連続でインカムゲインを受け取れるケースも

必ずもらえるものではないので、もらえない可能性も大いにあります

国や企業などにお金を貸す「債券」のしくみとは？

▽債券は、お金を貸したという証明になる

債券は、国や企業がお金を借りるために発行する※有価証券のひとつです。**国が借りる場合は「国債」、企業が借りる場合は「社債」**と呼ばれています。

お金の貸し借りが行われる際、通常、お金を借りた人が貸してくれた人に対して、お金を借りたという証拠、つまり「借用証書」を発行します。**債券は、この借用証書と同じ役割をもっている**ものです。

※有価証券：財産権を表す証券や証書のこと。株式や債券、投資信託などが該当する

▽株と違って約束事が多いのが債券

お金の貸し借りが生じた際、借用証書には何を書くのでしょうか。

答えは、「いくら借りたのか」「年利は何%なのか」「いつ返済するのか」の3つの数字です。例えば、「100万円借りました」「1年に1万円ずつ利子を払います」「10年後に返済します（＝10年満期です）」といった内容が書いてあります。債券を発行する際もこのようなことが決められていて、約束事（ルール）が多いのです。

このように、いろいろな約束事があるのが債券の特徴と言えます。**約束事が多いということは、つまりリスクが低い・値動きが小さいということ。国債であれば国が約束をしてくれているわけですから、リスク許容度が低めの人でも安心で買いやすい**でしょう。

▽債券は、金利が低いときに売ると儲かりやすい

債券にも債券市場という市場があり、魚や株と同様、市場で売買できます。**金利が1％の債券を市場で売りに行ったとき、世の中の金利が0・5％だったら、「それ買いたい！」と思う人が多くなります。**１００万円の債券の場合、満期が3年後なら金利1％であれば１０３万円以上になりますから、「その債券を１０２万円で買いたい！」などと言う人も出てくるでしょう。そのタイミングで売ると、満期を待たずに定期預金よりも利益が大きくなります。つまり、**債券は、金利が低いときに売ると儲かりやすいと言えるでしょう。**

ただし、世の中の金利が2％のときに金利1％の債券を売っても、誰からも買われません。このようなリスクがあるため、**債券は預金よりも少しリスクの高い場所に位置する**（59ページ参照）のです。

金利１％の債券で見る債券と金利の関係

▶ 世の中の金利が0.5％の場合

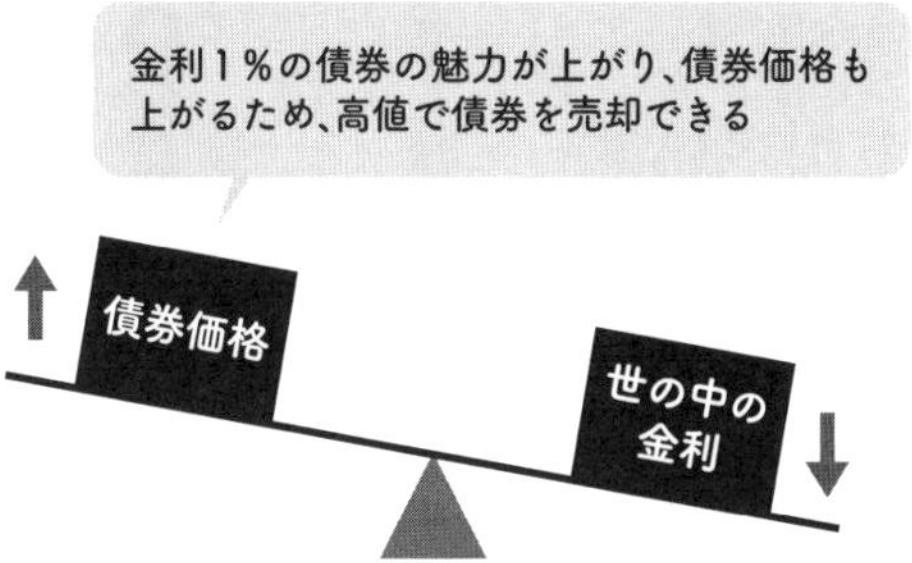
金利１％の債券の魅力が上がり、債券価格も
上がるため、高値で債券を売却できる
債券価格
世の中の
金利

▶ 世の中の金利が２％の場合

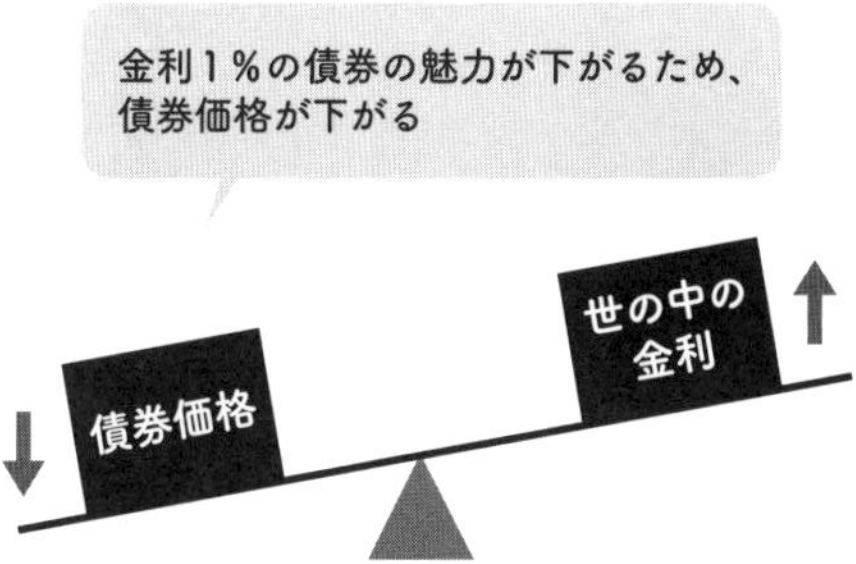
金利１％の債券の魅力が下がるため、
債券価格が下がる
世の中の
金利
債券価格

債券は金利が低いときに売ると
儲かりやすいと言えるでしょう

不動産に投資する「REIT」のしくみとは？

▽不動産を運用する法人がある

「REIT（リート）」とは、ある法人が投資家から集めた資金で複数の不動産を購入し、それらを運用するしくみです。日本では2000年代から始まりました。REITは「Real Estate Investment Trust」の略称で、日本語にすると「不動産投資信託」の意味です。海外のREITと区別するために、JapanのJを頭につけて「J-REIT《ジェーリート》」と呼ばれることもあります。

ＲＥＩＴのしくみは、投資家たちから集めたお金を使ってマンションやオフィスビル、商業施設といった不動産を建設もしくは買って、その賃料収入や売却益などで投資家へ還元を行うというものです。

六本木ヒルズや森ビルなどもＲＥＩＴの一種で、つまるところ、その不動産を運営している法人に対して投資をするものです。また、ＮＩＳＡでＲＥＩＴを買う際は、「成長投資枠」（１３５ページ参照）で買うことになります。

▽ＲＥＩＴは自分で建物を管理する必要がない

一方、自分でマンションなどの建物を買って賃料を直接受け取る「実物不動産投資」もあります。不動産投資と言われると、こちらを思い浮かべる人が多いでしょう。

実物不動産もＲＥＩＴも不動産への投資ですが、この2つにはどのような違いがあるのでしょうか。

違いのポイントは、不動産を運営・管理するのは誰かという点です。**ＲＥＩＴの場合は、法人が不動産を管理してくれるため、投資家自身が管理を行う必要はありません**が、実物不動産の場合は、投資家自身が不動産の運営を行わなければいけません。運営する不動産がマンションの場合、入居者の契約・解約を行ったり、空き部屋が出ないように物件を管理したり、住民間でのトラブルが生じた際の対応を求められたり、そういった管理を管理会社に委託するとしても安心して委託できる会社を探す必要があったりと、購入した後もやるべきことが山積みです。

▽ＲＥＩＴは先進国で採用されている投資信託

法人の立場で考えると、ＲＥＩＴには、利益の9割程度を投資家に還元する

REITと実物不動産の違い

	REIT	実物不動産
種類	オフィスビルや住居、商業施設、物流施設、ヘルスケア施設など	アパートやマンションなどの住居がメイン
運営・管理	法人が行うため投資家自身が行う必要がない	投資家が自身で行ったり、委託する管理会社を探したりする必要がある
保有中の収益	継続的に安定したインカムゲインが期待できる	物件やその入居状況次第

ただし、REITは先進国で採用されているため、
REITのしくみがまだない国もある

と法人税が免除されるというメリットがあります。

また、なぜ国は法人税を免除するのかというと、企業が入居するようなビルが増えれば経済成長につながるからです。経済成長を促すといった意味で、REITは先進国で取り入れられやすいしくみとなっています。そのため、例えば「モンゴルのREITを買ってみたい」と思っても、そもそも先進国でなければまだREITのしくみがない可能性があります。

投資の基本 10

運用の手間を省ける「投資信託」のしくみとは？

▽何を買えばいいのか？　迷う人こそ投資信託を選ぼう

ここまで、株、債券、ＲＥＩＴといったさまざまな投資のしくみをザックリと紹介してきました。

株と一口に言っても、上場会社は日本国内で４０００社近くあり、「どの株に投資すればいいの？」と問われると、途端にむずかしくなるものです。「応援したい会社はあるけれど、本当にここでいいの？」といった迷いも生じるでしょう。また、「この会社の商品は売れる！」と考えて買おうとしたら、株価が予想以上に高くて買えないといったこともありがちです。せっかく投資を始める気でいたのに「結局、何を買えばいいのかわからない……」とあきらめかけてしまう人もいるかもしれません。

しかし、まだあきらめるには早いのです。**投資の世界には「投資信託」という金融商品があり、ぜひこれを活用してほしい**のです。

▽銘柄選びをおまかせできる

食堂やレストランでご飯を食べる際、「ハンバーグ定食にしようか、それともから揚げ定食にしようかな」と迷ったことはありませんか？　そんなときは「ミックス定食」を頼めば、ハンバーグもから揚げも食べることができますね。

投資信託はこの「ミックス定食」のようなもの。つみたて投資枠の投資対象にもなっているので、ＮＩＳＡを活用する上で知っておくとよいでしょう。

投資信託は「ファンド」とも呼ばれ、株やＲＥＩＴの各銘柄を選んで運用する金融商品です。どの銘柄にするかは、運用会社のファンドマネージャーと呼ばれる人が選びます。**投資信託の大きな魅力は、投資する人（投資家）が自分で銘柄選びをしなくてよい**という点。つまり、投資家は、運用会社がつくったファンドを選んでお金を託せば投資ができるのです。株などのように一つひとつの銘柄を調べて自分で選ぶ必要がありません。

ファンドマネージャーとは、運用会社のなかで投資信託（ファンド）の運用を任されている人のこと。投資信託の運用を指揮する立場にいて、金融市場の情報をチェックしたり、投資する会社の状況を調べたり、アナリストの調査分析を参考にしたりといった業務を行っています。その上で、投資信託にどの銘柄をどのくらい組み入れるかという銘柄の選択をしたり、どの銘柄をいつ・いくらで買う・売るかといったタイミングを決定したりしているのです。

この煩雑な業務を個人で行うとなると、かなりの手間がかかります。それを代わりに請け負ってくれるわけです。

▽投資信託のカテゴリー

投資信託には多くの種類があります。まずは、カテゴリー分けを知ることから始めると、自分が買うべき投資信託がおのずと見えてくるでしょう。

投資信託には、国内・先進国・新興国といった国のカテゴリーと、株・債券・ＲＥＩＴといった商品の組み合わせのカテゴリーがあります。専門的にいうと「※アセットクラス」です。このカテゴリーによってリスクやリターンが変わってくるため、88ページの図を確認してみてください。

例えば、いちばんリスクが高いのは外国株式を多く組み入れている投資信託です。リスクが大きいと、その分必然的に大きなリターンを得られる可能性も

※アセットクラス：投資対象となる資産の種類や分類のこと。同じような値動きの特徴をもつものがまとめられている

カテゴリーごとのリスク・リターン

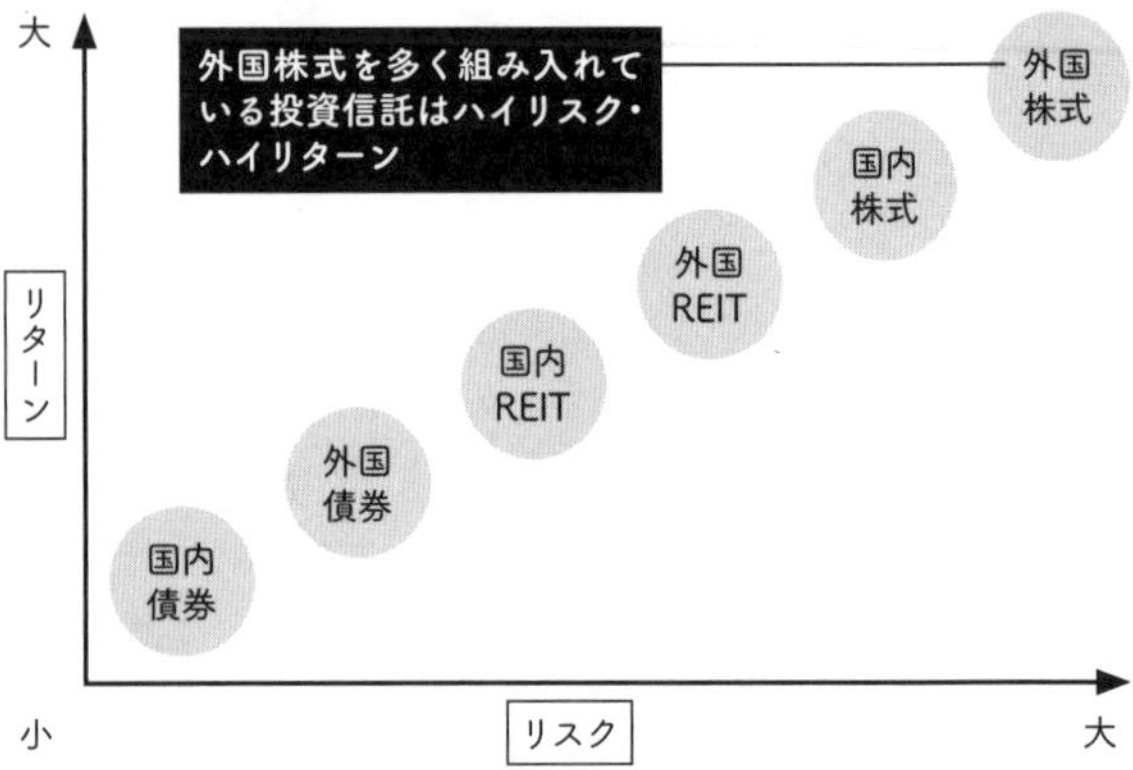

あります。

一方、こうしたリスクを抑えるために**複数のカテゴリーを組み入れている投資信託のことを「バランスファンド」**と呼びます。

さらにファンドは「インデックスファンド」と「アクティブファンド」に大別されます。

それぞれの投資信託で定めている**「指数（インデックス）」に連動するように運用されるのが「インデックスファンド」**。一方、**指数を上回ることを目標に運用されているのが**

「アクティブファンド」です。

ここで言う「**指数**」**とは、おおざっぱに言うと、株式市場全体の値動きの平均値を表すもの。**日本国内であれば日経平均株価や東証株価指数、アメリカではS&P500などが有名です。

インデックスファンドは市場の平均値に連動するように何百、何千もの企業の株を買って運用しているため、アクティブファンドと比べると、概してリスクが低くなりやすいと言えます。

対して、**買う株をより絞って運用しているアクティブファンドは、インデックスファンドよりハイリスク・ハイリターンになりやすい**特徴があります。

一概にどちらがよいと言うことはできませんが、アクティブファンドは運用の手間——つまりファンドマネージャーの手間がかかり、手数料が高い傾向にあります。そのため、せっかく値上がりしても、手数料を差し引かれるとそれほどでもないというケースも多いのです。

投資信託には「信託報酬」という手数料がかかる

▽運用に関わる会社に手数料を支払う必要がある

アクティブファンドは運用の手間がかかるので手数料が高い傾向がある、とお話ししました。この「手数料」にはいくつか種類があるのですが、なかでも負担が大きいのが「**運用管理費用**」です。これは「**信託報酬**」と呼ばれることが多く、一見すると「報酬がもらえるのか?」と勘違いしがちですが、投資家から運用会社へ支払うものです。

信託報酬とは、いわば投資信託の運用管理の手間賃で、投資したお金から毎日自動的に差し引かれるしくみになっているため、あらためて支払う必要はありません。ただ、**投資信託を保有している間、毎日支払いが発生**しています。金額は投資信託の種類によって異なりますが、一般的な信託報酬は年率0・1〜2・0%程度です。アクティブファンドのほうが、インデックスファンドよりも高い傾向にあります。

投資信託の一口あたりの値段を**基準価額**と言います。この基準価額は運用の成果でプラスになったりマイナスになったりしながら、加えてこの信託報酬を差し引いて毎日算出されます。また、信託報酬のほか、投資信託を購入するときには販売手数料（ロード）が、投資信託を解約するときには信託財産留保額などがかかることがあります。

要するに、**購入時・保有期間中・解約時の3つのタイミングで費用が生じる可能性がある**ということです。

投資信託の人気商品①

投資初心者に向いている「8資産均等型」

▽8つの資産に均等に配分して運用する投資信託

投資信託にはさまざまな種類が用意されていますが、なかでも多くの資産に分けて運用されるのが「**8資産均等型**」です。

8資産均等型とは、その名の通り、**8つの資産に均等に投資を行う**というファンドです。資産は、国内株、国内債券、先進国株、先進国債券、新興国株、新興国債券、国内REIT、先進国REITの8つです。この8つそれぞれに対して、資産の12・5%ずつ投資を行っています。

8資産均等型は、比較的リスクの小さい国内債券や先進国債券から、比較的リスクの大きな株式やREITまで幅広く投資できるのが特徴です。このファンドを購入するだけで、複数の資産に分散して投資を行うことができます。手軽に分散投資できる点で投資初心者に向いています。

また、6資産、4資産を均等に運用していく投資信託もあります。6資産均等型は国内株、国内債券、国内REIT、先進国株、先進国債券、先進国REITの6資産に、4資産均等型はそこからREITを除いた4資産に、それぞれ分散投資ができます。

▽ライフサイクルに合った資産配分の商品を選べる投資信託も

ほかにも、バランス型の投資信託として、「**ライフサイクルファンド**」と呼ばれる投資信託があります。

ここまでお話しした均等型のファンドは、大枠では資産配分は変わりません。例えば8資産均等型なら、8分の1ずつにお金を分けて、8つの資産の投資を行います。このライフサイクルファンドでは、株の比率がさまざまな商品が用意されており、購入者はそのなかから好きな資産配分の商品を選ぶことができます。若い人はリターンに期待して株の比率が高い商品（積極型）を選択するケースが多く、高齢になるにつれて株の比率の低い商品（安定型）を選ぶケースが多いです。

ただ、これらバランス型の投資信託は株100％の商品よりもリスクが小さいというものであり、**個人の資産運用の考え方や投資を始める年齢によっては必ずしも適切というわけではありません。**例えば高齢で投資を始めて、投資できる期間が短いからリスクの大きい資産で運用したいと考えているのに、バランス型の投資信託を買ってしまうと目的から外れてしまいます。

均等型の資産配分

8資産均等型

8つの資産に均等に投資を行うもの。資産の内訳は、国内株、先進国株、新興国株、国内債券、先進国債券、新興国債券、国内REIT、先進国REITにそれぞれ12.5%（8分の1）ずつとなっている

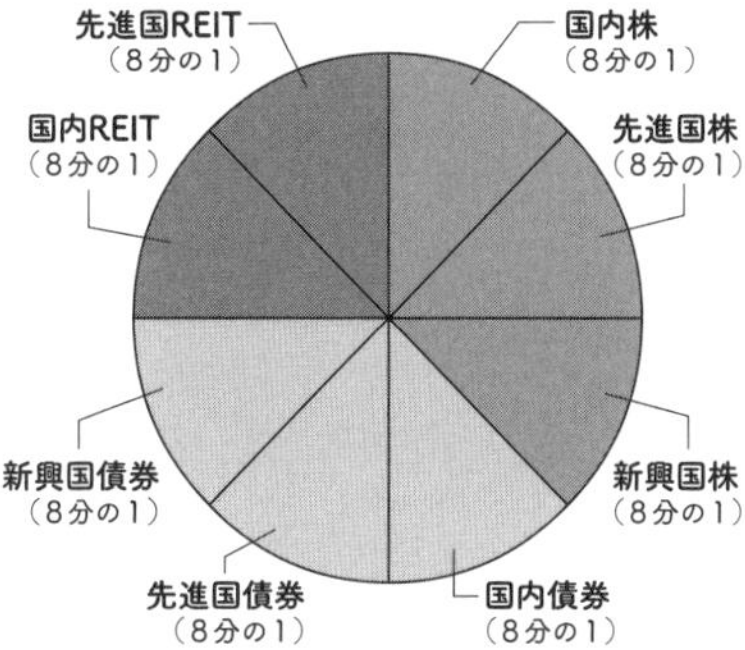

ライフサイクルファンドの資産配分の例

積極型

購入者が若い場合の例。ハイリスク・ハイリターンな株の比率が高い

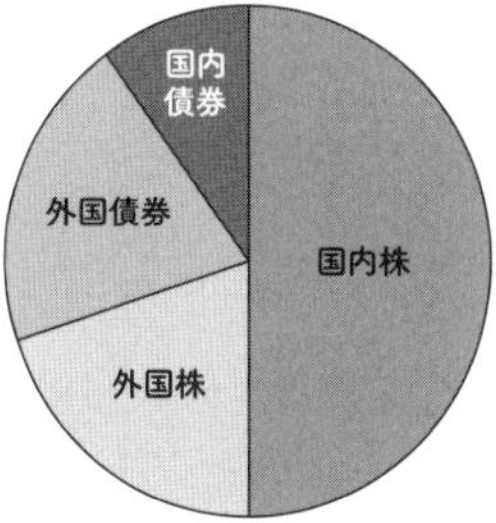

安定型

購入者が高齢になった場合の例。株よりローリスクな債券の比率が高い

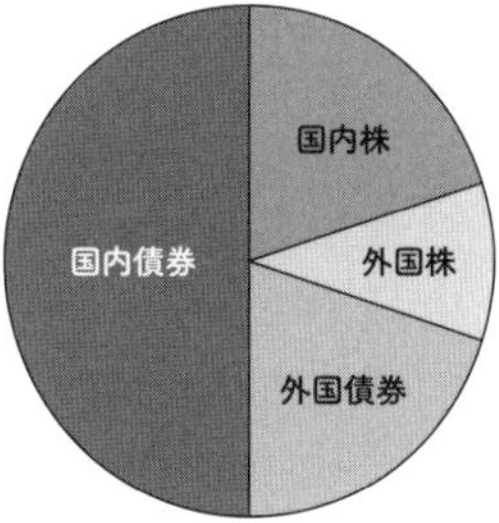

投資信託の人気商品②

全世界の株に分散投資できる「オルカン」

▽日本を含む世界中の株が投資対象

投資対象を「株」に絞って投資を行う投資信託もあります。その代表格が**全世界株式（オールカントリー）**、**通称「オルカン」**です。名前だけは聞いたことがあるという人もいるでしょう。正確には「eMAXIS Slim 全世界株式」という名称の投資信託です。その名の通り、**日本を含む世界中の株を投資対象**としています。先進国と新興国を合わせた代表的な株価指数（株式市場全体の値動きの平均値）への連動を目指して運用されるインデックスファンドです。

▽50カ国の企業に分散投資できる

オルカンのメリットは、オルカンを1本購入するだけで全世界の株式に分散投資できるという点。国内株、先進国株、新興国株の3つが組み込まれており、全世界約50カ国の株に分散して投資することができるのです。

つまり、**世界経済全体とともに歩んでいこうとする商品**。必ず値上がりするとは言えませんが、このオルカンに投資している限り、1人だけ儲かることもなければ、1人だけ損することもないわけです。

ちなみに国ごとの割合は特に定められておらず、各国の株式市場の規模・成長性によって変わりますが、米国株の割合が高くなる傾向にあり、約半分を占めることが多いです。

投資信託の人気商品③

米国経済に広く投資する「S&P500」

▽米国株に投資するときに見るべき株価指数

前述したように、インデックスファンドは株価指数に連動して運用されています（88ページ参照）。代表的な指数として、日本国内なら「日経平均株価」、米国なら「S&P500（S&P500種指数）」があります。

S&P500は米国株式市場の代表的な指数のひとつで、S&Pダウ・ジョーンズ・インデックス社という会社が公表しています。NYSE（ニューヨーク証券取引所）やナスダックといった世界的な株式市場に上場している500の銘柄の時価総額――企業の価値や規模を評価する重要な指標（株価×発行済み株式数）をもとに算出される指数です。……などと言うとむずかしい専門用語のように聞こえますが、「日経平均株価」の米国版くらいにザックリと捉えておけばよいでしょう。

▽アメリカを代表する企業に投資

株価指数であるS&P500は、米国株式市場の時価総額の約8割を網羅しているとされています。米国株式市場との関連性が強く、米国の市場動向を把握する際にとても大切な指数で、多くの投資家たちから注目されています。

構成銘柄（500銘柄）は定期的に見直されますが、主にアップル、マイクロソフト、アマゾン、テスラといった米国を代表する企業が組み込まれます。

ただし、単に時価総額が高い銘柄が選ばれるというわけではなく、業種（セクター）のバランスを考慮して選定されています。そのため、米国経済全体に投資するようなかたちになり、個別の企業の影響を受けにくくなっています。

また、S&P500に組み込まれている企業は、米国にとどまらず、世界的な企業が多いというのも特徴です。さきほど例に挙げたアップルやアマゾンも、日本国内でも大半の人が知っている企業でしょう。

S&P500に連動するインデックスファンドにはeMAXIS Slim 米国株式（S&P500）、SBI・V・S&P500インデックス・ファンドなどがありますが、これらは、こうした**世界の最前線を走る企業に投資する、リスクが大きく、その分高いリターンが期待できる商品**です。多くの米国企業に手間なく投資できる点がメリットです。

株式市場の代表的な指数

指数の名前	国名	特徴
S&P500	米国	アップルやマイクロソフトなどの米国を代表する企業が組み込まれる。米国株式市場との関連性が強く、米国の市場動向を把握する際に役立つ
ダウ平均株価（NYダウ）	米国	米国株式市場で特に評判がよかったり持続的に成長していたりといった30銘柄をもとに算出される
ナスダック1000	米国	ナスダック市場に上場している企業の上位100銘柄から算出される
日経平均株価（日経225）	日本	東京証券取引所のプライム市場に上場する企業のうち225銘柄から算出される
TOPIX（東証株価指数）	日本	流通株式時価総額が100億円以上などの一定の基準を満たした銘柄から算出される

▽今元気な分野に投資できる

米国の代表的な指数は、S&P500のうち特に企業の評判が高い・持続的に成長している・投資家が高い関心を寄せている30銘柄をもとに算出される「ダウ平均株価（NYダウ）」や、ナスダック市場に上場している企業の上位100銘柄から算出される「ナスダック100」など。これらを知っておくと、**おおよそ今元気がある分野や地域に投資できます。**

上場している投資信託「ETF」のしくみとは？

▽姿かたちは投資信託だが売買方法は株

本書で紹介する最後の金融商品は、「ETF《イーティーエフ》」です。

ETFとは「Exchange Traded Fund」の略。日本語にすると「上場投資信託」という意味で、投資信託の一種です。

投資信託とETFの大きな違いは、上場しているか・していないか、――つまり証券取引所を通して取引をするのか・しないのかという点です。

投資信託は市場に上場していません。そのため、証券会社や銀行といった金融機関を通して購入する金融商品です。

一方のETFは、「〝上場〟投資信託」という名の通り上場しています。株の説明で登場した「株式市場」（68ページ参照）は、上場企業の株を売買する場所です。ETFも株と同じく上場しており、また売買方法も同じです。

投資信託は口座をもっている証券会社で取り扱いがなければ買えませんが、ETFではそうしたことがありません。要するに、**ETFとは、姿かたちは投資信託ですが、上場しているという点が一般的な投資信託とは異なり、売買方法は株と同じ**と捉えておけばよいでしょう。

気をつけたいのは、**ETFはあくまで株式市場に上場しているため、買いたい人が増えれば値上がりし、減れば値下がりする**という点です。投資信託は1日1回値段（基準価額）が算出され、売買の注文を出した時点では値段がわかりません。ETFは毎分毎秒、リアルタイムで値段が変わり、自分がおおよそ取引したい値段で株のように売買できる点がメリットと言えます。
例えば、長期的に投資信託を積立投資しながら、短期的に株やETFを売買して利益を得るという方法もあるでしょう。

さて、金融商品にはさまざまな種類があることが、ザックリとおわかりいただけたと思います。

NISAの恩恵を得るためのポイントは、リスクの大きな＝値動きの大きな商品を買うことです。どれを買ったらよいかわからないという人は、まず投資信託から始めてみてください。

Part3からは、いよいよ投資のポイントについて解説していきます。

Part 3

投資のコツ

お金を貯める基本テク

「長期」「分散」「積立」が投資の3本柱

教えて川部先生！

投資したお金は預金みたいに引き出せるの？

ところで、投資して儲けたお金っていつ引き出せるんですか？　銀行に預金しているお金はいつでもＡＴＭで引き出せますが……。

「投資したお金を引き出す」とは、買った株や債券を売ったり、投資信託なら解約したりして現金にするということ。ザックリ言ってしまえば、いつでも引き出せます。ただ……。

じゃあ、銀行預金の代わりに使うとよさそうですね！　投資だった

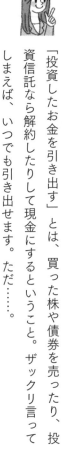

ら利益が出たタイミングで引き出せばお金が増えますし。

ちょっと待って！　実際に手元に現金が来るまでには何日もかかりますよ。銀行預金のようにすぐ引き出せるわけではありません。それに、金融商品によっては……、特にＮＩＳＡで積み立てている場合は、買ってすぐ売ってしまうのは得策とは言えないんです。それと、「利益が出たタイミング」を狙い撃ちするのは、初心者にはむずかしいですよ。

積み立てなら、長い間売らないでいるほうがお得ってことですか？それに利益が出たタイミングを狙うのはむずかしいって……。もしかして投資って、覚えなくちゃいけないルールやテクニックがたくさんあるんですか!?

投資にはいろいろな方法がありますが、老後はもとより10年後、20年後のために資産を増やしたいとなれば、**まず初心者が実践するとよいのは、「長期で保有すること」「分散して投資すること」「積み立てて投資すること」**の3つですね。**「長期」「分散」「積立」の3つを押さえておくことで、リスクや買うときの価格を抑えられたり、より効率的に資産を増やせたりする**んですよ。

リスクを抑えつつ、利益がさらに利益を生む「複利効果」が得られるんです（114ページ参照）。そして、3つの基本を実践していくには、**新しいNISAの「つみたて投資枠」で投資信託を購入するのがおすすめ**です。

では、まずはその3つを実践してみようかな。ところで「つみたて投資枠」ってどんなものですか？

名前の通り、コツコツと積み立てて投資をしていくものです。

なるほど。でも、３年後に家をおしゃれにリフォームしたいんです。間に合うかな……。

すてきなライフプランですね。そういったお金はＮＩＳＡではない別の方法で運用するといいかもしれません。**どこにお金を預けるのか、もっているお金を「短期資金」「中期資金」「長期資金」に分けて考える**といいですよ。

いつでも引き出せるが、長期・分散・積立も大切！

投資のコツ 1

「短期」「中期」「長期」でお金の役割を考える

▽お金の考え方を3つに分ける

投資を始める動機や目的には、「少しでも増えたらラッキーだし、とりあえずゲーム感覚でやってみよう」「マイホーム購入に向けてお金を増やしたい」「老後に使えるお金をちょっとでも増やしたい」といったものがあるのではないでしょうか――人それぞれですね。

投資の動機がさまざまなように、お金の考え方もさまざま。まずは、お金を

「短期資金」「中期資金」「長期資金」の3つに分けて、特徴を見てみましょう。

▽資金ごとの考え方を知ろう

自由に、そしてすぐに使えるお金は「短期資金」です。当面の生活費がこれに該当します。この**短期資金に求められるのは、すぐに現金に換えられる＝換金性が高い**こと。換金のしやすさが重視されるので、いつでも現金として引き出せるように普通預金に預けておくのが主流です。日々の暮らしを不便なく過ごすためのお金ですから、投資に使ってはいけません。

マイホームの購入や車の買い替え、子どもの教育費などのライフイベントに使うお金は「中期資金」。短期資金よりも引き出しにくく、多少の収益を見込める方法で運用します。このあとに紹介する長期資金よりも運用期間が短く、安全性を重視します。もし損失が出てもライフイベントに支障をきたさない程度のリスクで運用するのがポイントです。定期預金や、国債の一種である「個人向け国債」などがこれに当てはまります。

老後に使うために貯めるお金は「長期資金」。長期にわたって少しずつお金を積み立てつつ、かんたんに引き出すことができないよう、「見えないところにお金を置いておく」というイメージです。Ｐａｒｔ２で紹介した投資信託は長期資金向きのものが多く、利益をコツコツ増やしていきます。

▽３つの資産それぞれが大切

このように、**何かあったらすぐに使えるお金を「短期資金」、数年後に使うお金を「中期資金」、老後のために増やすお金を「長期資金」**と言います。

短期資金はすぐに使えるよう預金しておき、中期投資はそれほどリスクをとらずに運用し、そして長期資金は時間を味方につけて複利効果を得ながら運用

していきましょう。

手元に資金があまりない人は、まずは短期資金を多少でも貯めることから始めてみてください。例えば収入が毎月の支払いでなくなってしまうような人は、通院などイレギュラーなことがあると対応できなくなります。その都度、買って保有している株や投資信託を売って換金していては、資産も増えていきません。万一のときに使えるお金を準備した上で、ある程度のリスクをとりつつ、中長期資金を増やしていきましょう。

損を避ける投資の基本は、「長く、分けて、積む」の3つ

▽損を避けたいのはみんな一緒

投資をするにあたって不安なのはマイナスが生じること、つまり損をすることではないでしょうか。しかし、絶対に損をしないしくみは存在しません。そこで、できるだけリスクを抑えつつ、結果的に損の可能性が小さくなる運用方法を考えていきましょう。このとき大切なのは「**長期**」「**分散**」「**積立**」の3つの基本を押さえることです。

▽リスクを抑えて投資するための3つのポイント

まずは「長期」から説明していきましょう。**老後に向けてコツコツと地道にお金を増やしていくためには、買った株や投資信託を長期にわたって保有し続けることが大切**です。長い目で見ると、プラスとマイナスの値幅は安定してくる傾向にあります（118ページ参照）。

また、複利効果を得られるのが長期投資最大のポイントです。**複利効果とは、投資に使ったお金に利子がつき、その利子にもさらに利子がつく状態のこと**を指します。これによって効率的に資産を増やすことができます。複利効果については、123ページで図を用いて詳しく解説していきます。

次の「**分散**」**は、ひとつの株や投資信託を買うのではなく、複数に分けて買うこと。**分散にはいくつかの考え方がありますが、「値動きの異なる複数の資産を組み合わせること」が代表的な方法です。ひとつの株、もしくはひとつの投資信託が大きく値下がりしてしまったとしても、ほかの株や投資信託は無事な可能性があり、すべての資産を失うという事態を避けることができます（124ページ参照）。

最後の「**積立**」は、**例えば月に1回など自分で決めたタイミングで、あらかじめ決めた金額をコツコツと投資していくこと。**一度にたくさん買うとそのときの値動きの影響を受けやすくなりますが、「積立」方式で少しずつ買っていけばそのリスクを分散させることができるのです。結果的に見ると、平均購入価格を市場の値段よりも低く抑えることができます。

このように決まった金額を決まったタイミングで積み立てていく方法は「**ドルコスト平均法**」と呼ばれる考え方です（136ページ参照）。

投資の３本柱

長期
買った株や投資信託を長期にわたって保有し続けること
➡118ページ参照

老後に向けた資金の形成

分散
ひとつではなく複数の株や投資信託を買い、お金を分散させること
➡124ページ参照

積立
あらかじめ決めた頻度や金額をコツコツと投資していくこと
➡128ページ参照

「長期」「分散」「積立」の３本柱で、安定的な運用を目指しましょう！

投資のコツ 3

時間を味方につける「長期」は、保有するほどお金が増える

▽長い目で見ると右肩上がりになる傾向がある

長期投資とは、長期にわたって株や投資信託などの資産を保有し続けること。長い目で見ながら、コツコツと資産を増やしていくことを目標とします。一般的に10年以上継続して保有することを「長期保有」と言うので、「最低でも10年は保有し続けること」と考えるとよいでしょう。

株や投資信託などは、短期的に見ると値上がりと値下がりを繰り返している

ものです。「株式会社〇〇の株価が暴落」など、ニュースで目にする機会があるかもしれませんが、値動きがある以上、損失が生じている場面もあるということです。

しかし、どんな会社もさまざまな努力をしています。**短期的には値下がりする期間があっても、長い目で見ると値上がりする可能性も大いにある**と言えます。投資信託の多くも、リーマンショック、コロナショックなどで大きく値下がりする局面もありましたが、その後に上昇する力のほうが大きいため、長期的には右肩上がりになる傾向があるのです。こうした過去のデータを見てみると、損が出たときに解約せず保有し続けることがいかに大切かがわかります。

▽短期保有は損をする可能性がある

金融庁は、5年間投資した場合と20年間投資した場合の※元《がん》本《ぽん》割《わ》れの確率を

※元本割れ：投資のために購入した金融商品の価格が、購入代金（元本）を下回ってしまうこと

示した資料を公開しています（左ページ図参照）。

過去の実績にもとづいて算出されたデータで、5年間保有した場合は元本割れの可能性があっても、20年間保有した場合は元本割れしていません。これは国内外の株・債券に分散・積立した場合の試算ですが、つまり、スタンダードな国際分散投資を積み立てで20年間続けたら、元本割れをしなかったということ。**分散積立を長期的に行うことで、年ごとのリターンをならすと、プラス方向に安定する可能性が高い**と言えるのです。

投資と言えば、「購入した金融商品の価格が上がったら、すぐに売る」といった方法をイメージする人も多いかもしれませんね。これはいわゆるデイトレーダーの投資方法で、1日に何度も売買を行うことがあります。こういった場合はこまめに値動きをチェックする必要があるため、投資に対して高いハードルを感じてしまうかもしれません。

ただ、投資している人がすべてそのような方法をとるわけではありません。

短期保有と長期保有の損益の違い

▶ 運用金額100万円、保有期間５年の場合

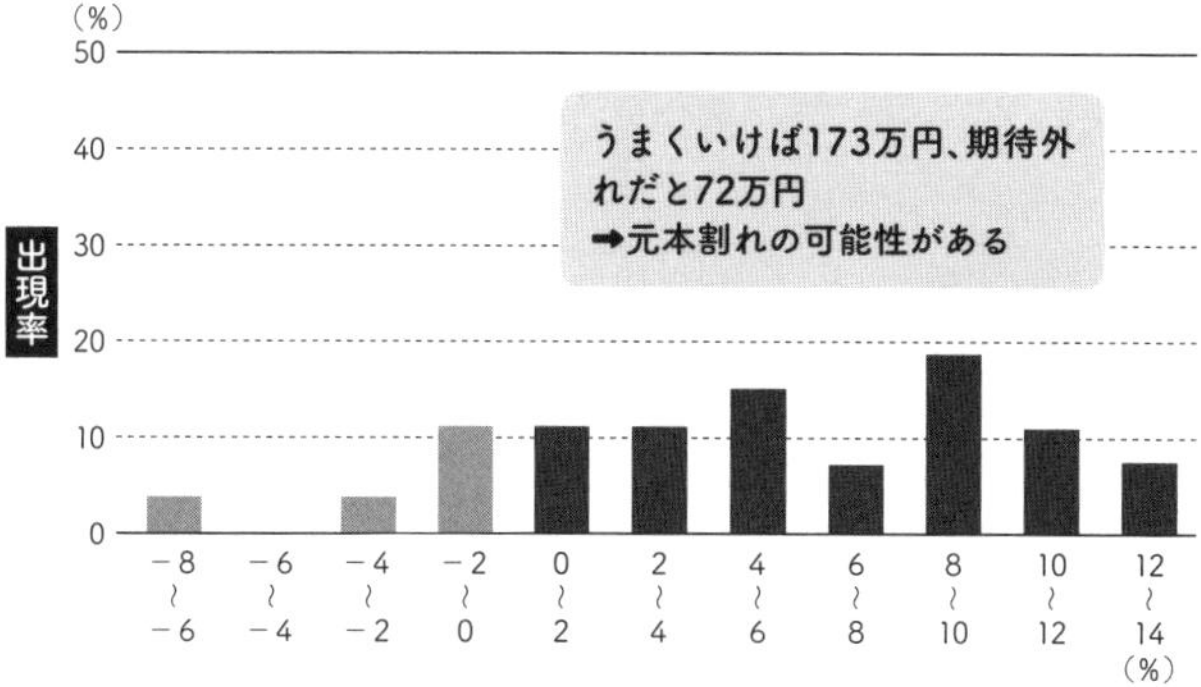

▶ 運用金額100万円、保有期間20年の場合

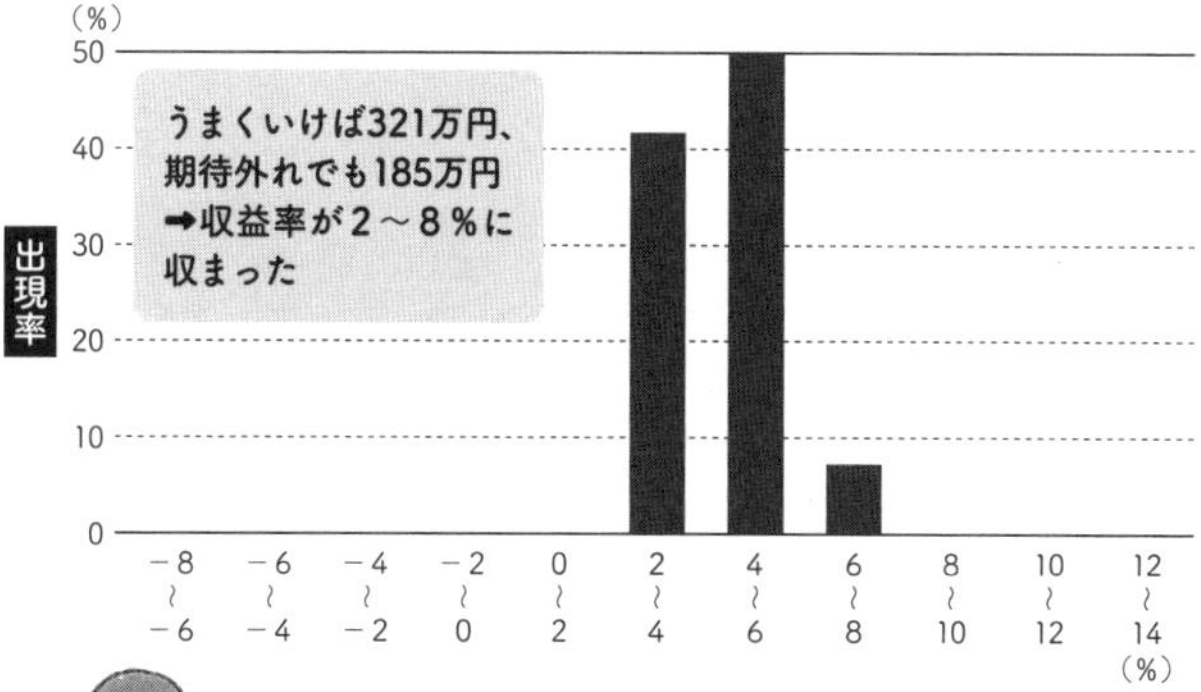

出所：金融庁

長期にわたって積み立てるほうが元本割れのリスクが低いです！

積み立てで長い期間保有して、長い目で見たときの利益を狙う、ということであれば、気負わずに投資を始められるのではないでしょうか。

また、**長期にわたって保有することで、複利効果を得ることができます。**

「元金（投資したお金）とそれによって生じた利子」の合計額に対して利子がつく方法を「複利」と言い、それによって得られるのが「複利効果」です。

投資の場合で言えば、**投資したお金が増える＝利益が出た後は、その増えた利益を含めて運用され、さらに利益を生む可能性がある**ということ。利益がさらなる利益を生むため、雪だるま式に資産を増やすことができます。

例えば、数年間にわたって3％で運用できたとしましょう。今年100万円を年利3％で運用したら103万円となります。その翌年は、100万円ではなく103万円を3％で運用するので、106万900円となります。今年は3万円の利益だったのが、翌年は3万900円の利益となるわけです。短期売買では得ることができない、長期投資ならではの大きなメリットと言えます。

複利の考え方

複利	元本とこれまでの運用で得た利子を合計した金額に対して利子がつくこと
単利	元本に対してのみ利子がつくこと

▶ 年率3%として100万円を単利と複利で運用する場合……

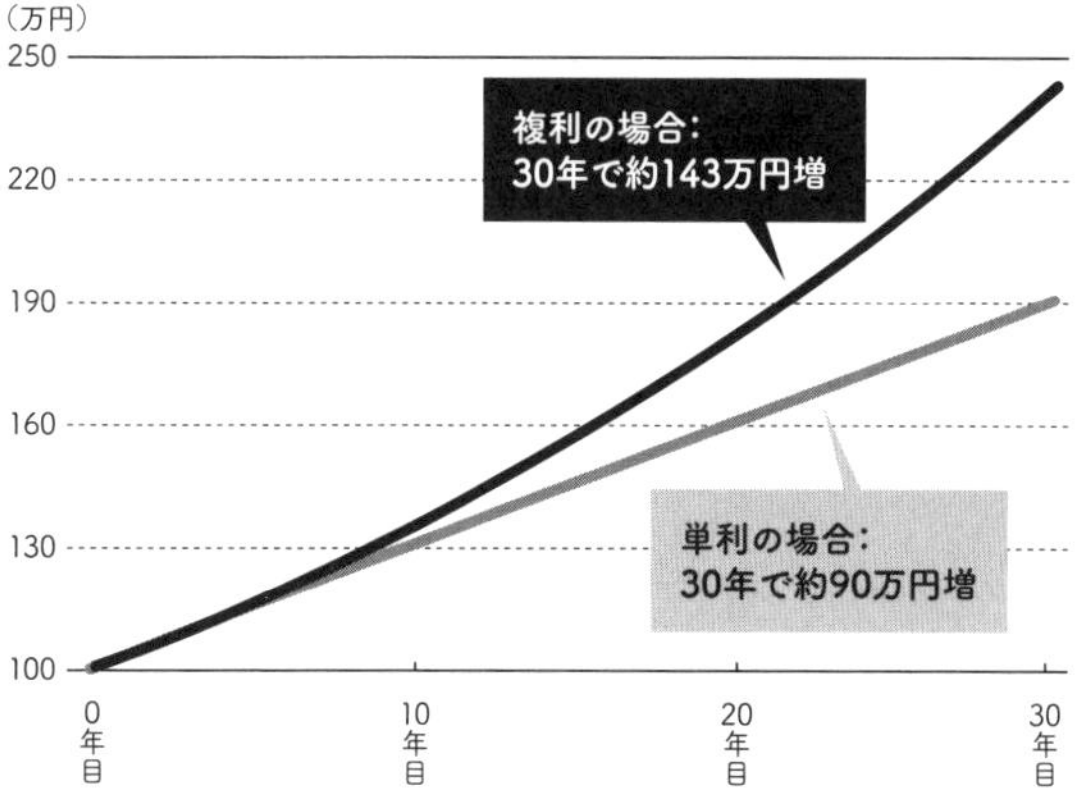

複利効果は長期投資ならではのメリット。投資期間が長いほど大きな差が出ます!

投資のコツ

投資対象や時期を「分散」してリスクを抑える！

▽投資先を分けるとリスクが低くなる

分散投資は、投資先や購入の時期を分散させることで、価格の変動を抑えて安定的なリターンを狙う方法です。

分散の仕方には3つの方法があります。複数の異なる資産に分ける「**資産の分散**」、日本・先進国・新興国などの複数の地域や通貨に分ける「**地域の分散**」、一度のタイミングでまとめて購入するのではなく、積立投資のように複数のタイミングに分ける「**時期の分散**」です。この3つを組み合わせていくと、より低くリスクを抑えることができます。つまり、**分散投資をすると値動きを抑えられるため、結果的に損失の可能性が低くなる**ということです。

▽ひとつが暴落してもほかは無事な可能性がある

先述したように、分散にはいくつかの考え方がありますが、ここからは代表的な「**値動きの異なるものを組み合わせること**」について解説していきます。具体的には、株式と債券、米国株と日本株、A社の株とB社の株、などです。

例えば、A社・B社・C社・D社という4つの会社があったとして、木村さんはA社のみ、丸山さんは4社すべてに投資をしていると考えてみましょう。このとき、A社が倒産してしまったら、木村さんは投資に使ったお金すべてに大きなダメージを受けますが、ほか3社にも分けて投資している丸山さんは、木村さんに比べてダメージが小さくなります。すべての会社が倒産するとは考えにくいため、**複数の銘柄に分散して保有しておけば、1社が倒産したり大きく値下がり（暴落）したりしても、受けるダメージが小さい**のです。

また、「**たまごはひとつのかごに盛るな**」というヨーロッパの投資のことわざがあります。このように、分散投資が「かごに入れたたまご」で例えられることも多いです。

たまごをお金に見立ててください。ひとつのかごにすべてのたまごを入れていると、そのかごを落としたとき（例えば株価が値下がりしたとき）にはすべてのたまごが割れてしまいますが、複数のかごに分けておけば、かごをひとつ落としてしまったとしても、ほかのたまごは影響を受けずにすみます。

「たまごはひとつのかごに盛るな」は、特定の商品だけに投資するのではなく、複数の商品に投資を行い、リスクを分散したほうがよいということわざです。

お金を分散してもつ効果

×

ひとつのかごに
すべて入れている場合

ひとつのかごを落とすと
すべてのたまごが割れる

➡リスクが大きく
ダメージも大きい

○

いくつかのかごに
分けている場合

ひとつのかごを落としても
ほかのかごのたまごは無事

➡リスクを分散でき
ダメージが小さい

複数のものに投資することが
リスクの分散になります

投資のコツ 5

決まったタイミングと金額でコツコツ「積立」する

▽投資するタイミングと金額を決めるだけでOK

積立投資は、例えば月に1回1万円など、自分で決めたタイミングと金額で投資をする方法のことです。ただ、積み立てを行うたびに何を・いくら買うかを考えるのは手間がかかりますし、面倒になって続かないかもしれませんね。

相場の価格変動が不安で、いつ積み立てていけばよいかわからないという人もいるでしょう。積み立ての考え方について、まずはお話ししていきます。

▽安いときにたくさん買うのがベスト

千円札を思い浮かべてください。毎月25日にドラッグストアへ行き、1000円分のボックスティッシュを購入すると決めているとします。ティッシュ1箱の値段が100円であれば、10箱買うことができますね。

ところが、翌月25日に買い物に行くと、1箱の値段が500円に値上がりしていました。1箱500円のとき、前月と同じように10箱も買いたいと思うでしょうか？　きっと、そうは思わない人が大半でしょう。

そして、この場合は「1000円分のみ買う」と決めているので、2箱買うだけになります。

このように、**安いときにたくさんの数を買い、高いときには買い控えをする——これは、「ドルコスト平均法」と呼ばれる買い方のしくみ**です（136

ページ参照)。

例えばこの行動を5年間続けたとして、実際に購入した値段の平均と、ドラッグストアで売られていた値段の平均を比べると、購入単価のほうが、市場平均(つまりドラッグストアで売られていた平均)よりも安くなります。これがドルコスト平均法のメリットです。

購入単価を最も抑えられるのは、いちばん値段の安い日に資産を全額使うというパターン。でも、いちばん安い日を正確に予想できる人はいませんし、そもそも、忙しい日々のなかで値段のことだけをずっと考えるのは現実的ではありません。これはボックスティッシュでも、株や投資信託でも同じです。

だからこそ、**一定金額分で「安いときにたくさん買って、高いときに買い控える」をコツコツと実践して、平均購入価格を抑えていくことが効果的**なのです。そして、**これを自動で行えるのがドルコスト平均法で、相場の価格変動に一喜一憂せず、効率よく投資を続けるにはもってこいの手法**と言えるのです。

ティッシュを安く買うには？

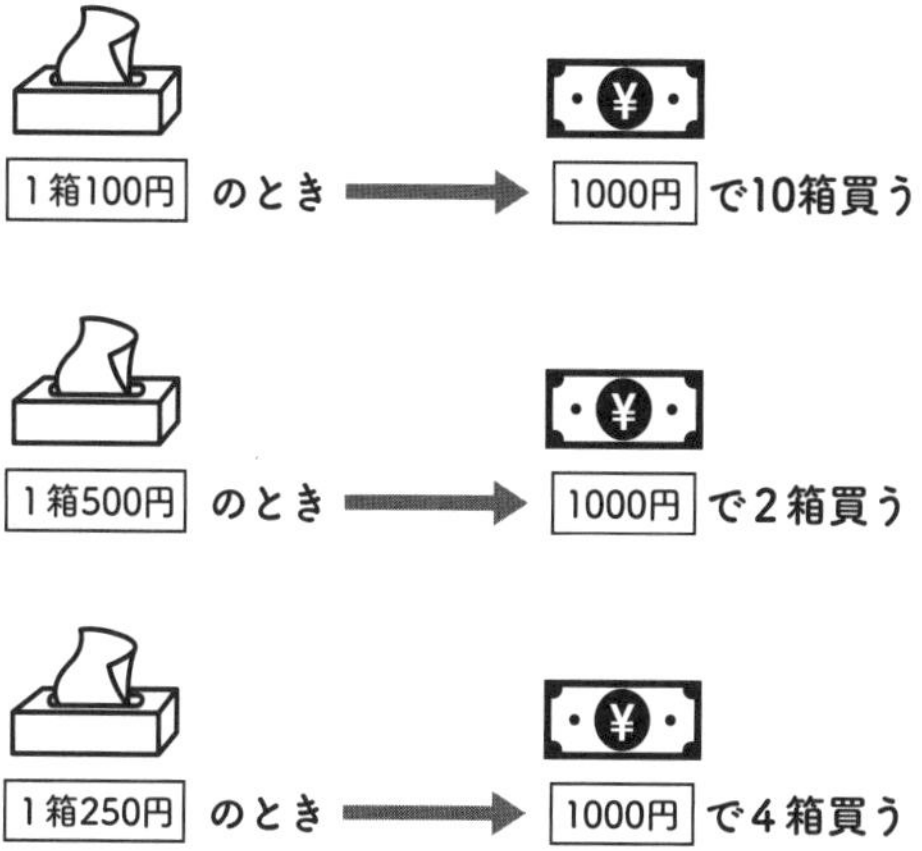

1箱100円 のとき
1000円 で10箱買う
1箱500円 のとき
1000円 で2箱買う
1箱250円 のとき
1000円 で4箱買う

売り場の平均

（100円＋500円＋250円）÷3＝**283.3円**

購入価格の平均

（100円×10＋500円×2＋250円×4）÷16＝**187.5円**

安いときに多く、高いときに少なく買うと購入価格を抑えることができます！

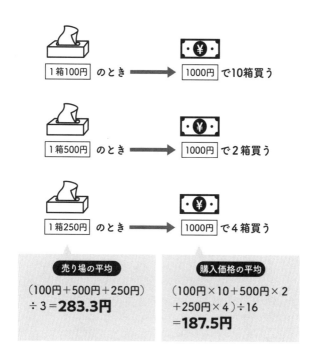

投資のコツ

老後資金の形成には、「つみたて投資枠」が最適！

▽長期投資に適した「つみたて投資枠」

ここまでで、投資の値動きを抑えつつ、リターンを獲得していく方法として、3つの基本を紹介しました。

①値動きが抑えられ複利効果を得られる「長期」、②投資先や時期を分けてリスクを抑える「分散」、③月に1回などの決まったタイミングで継続的に投資を行う「積立」です。

こうした投資に適した制度が「ＮＩＳＡ」なのです。そして、２０２４年１月から始まる**新しいＮＩＳＡにおいては、「つみたて投資枠」（一定の投資信託やＥＴＦ《イーティーエフ》を対象とする、長期・積立・分散投資に適した枠）を用いた投資が当てはまります。**

▽新しいＮＩＳＡでは「つみたて投資枠」から始めてみる

ＮＩＳＡを活用するメリットはＰａｒｔ４で詳しく解説していきますが、まずは**非課税で運用できるという点が大きな魅力**です。

投資で得た利益には約20％（20・３１５％）の税金がかかります。例えば１００万円分で買った株が１１０万円に値上がりしたとき、その株を売って現金を手にしようとすると、利益となる10万円に約20％の税金がかかります。そのため、約2万円が税金として差し引かれ、結果として、手元には約１０８万円しか残りません。

1年や2年で積み立てて得た利益ならまだしも、これが10年、20年かけて積み立てて得た利益から約20％も差し引かれるのはちょっと……と多くの人が思うでしょう。NISAでは、この〝虎の子〟をしっかり守ってくれるのです。

また、金融機関は新しいNISAでも自動で積み立てができる売買システムを用意しています。そのため、**いったんどの投資信託をいくらずつ購入するかを設定しておけば、あとは「ほったらかし」で、自動で購入し続けてくれる**という点も特徴です。

言葉は少々乱暴ですが、**投資初心者にはつみたて投資枠を使って「ダラダラやる」のがおすすめの投資方法**です。つみたて投資枠では、投資信託の解約＝換金はあまり考えず、老後を見据えて、最低でも10年以上は投資を続けてみてください。

▽株や短期売買に興味があるなら「成長投資枠」という方法も

なお、新しいNISAには「つみたて投資枠」のほか、「**成長投資枠**」というものも設けられています。

「投資資金に余裕があり、積み立てていくだけでは少々味気ない」、「注目している企業があり、株の売買に興味がある」——そういった人は、つみたて投資枠を使いつつ、成長投資枠で株を買ってみるのもよいかもしれません。短期売買に挑戦したい場合も、つみたて投資枠ではなく成長投資枠を使うのがいいですね。

ただ、成長投資枠は絶対に使わなければならないものではありません。そのため、短期・中期売買をするつもりのない人は、つみたて投資枠のみを使って投資をすればよいのです。

投資のコツ 7

「ドルコスト平均法」で、月々の購入価格を下げるワザ

▽積立投資の基本のきを知ろう

「コツコツ積み立てていきましょう」と言っても、では具体的に何をどう買えばいいのかと迷う人も多いでしょう。

ただ、できれば安く買えるに越したことはありません。そのためには、普段買い物する日用品と同じように、値段が安いときにたくさん買って、高ければ少しだけ買うようにすればよいわけですが、そんなことを毎月考えながら買い

続けるのは、骨が折れるでしょう。

そこでおすすめなのが「**ドルコスト平均法**」。名前だけ聞くと何やらむずかしそうですが、**ある金融商品を一定額ずつ定期的に買い続けていく方法**です。積立投資の要《かなめ》と言える考え方で、「お金（＝ドル）のコストを平均化する」といった意味合いの用語です。ちなみに、「ドルコスト」はアメリカでの言い方で、イギリスでは「ポンドコスト」とも言います。

▽定額購入法のほうが平均購入価格を抑えられる

積立投資には、「定量購入法」と「定額購入法」の2つがあります。NISAのつみたて投資枠では、購入する商品を決めたら、決まった額で定期的・継続的に購入します。つまり定額購入法を採用しています。

ドルコスト平均法（定額購入法）を用いて投資信託を購入すると、価格が安

いときにたくさん買って、価格が高いときには少なく買うということになります（128ページ参照）。その際の平均購入価格を割り出すと、同じ量――投資信託なら同じ口数を同じ期間に購入する場合と比べて、平均購入価格が安くなるのです。

左ページの図を例に考えてみましょう。

同じ金額で買う（定額購入法）場合は、毎月1万円の資金で投資を行っていきます。例えば、価格が1000円のときには10口、1500円のときは6・6口です。さらに、500円まで下がった安い時期には20口も購入できています。これらを平均すると、1口あたりの平均購入単価を939・8円まで抑えることができました。

このように、**ドルコスト平均法を用いると平均購入価格を低く抑えられる**というメリットがあります。

ドルコスト平均法のしくみ

価格の動き

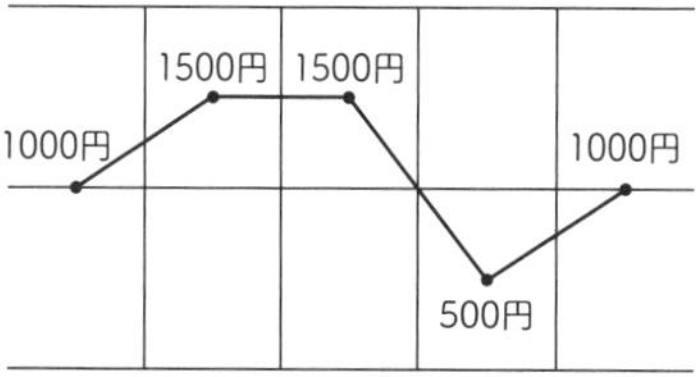

平均市場価格 1100円

価格に関わらず一定の数を買っていく

同じ数を買う場合

購入口数	10	10	10	10	10	合計 50	平均購入価格 1100円
購入金額	1万円	1万5000円	1万5000円	5000円	1万円	合計 5万5000円	

同じ金額で買う場合

購入口数	10	6.6	6.6	20	10	合計 53.2	平均購入価格 939.8円
購入金額	1万円	1万円	1万円	1万円	1万円	合計 5万円	

価格によって買う数を変えていく

1口の購入単価を抑えるには**安いときにたくさん買い、高いときに買い控える**ことがカギ
→ **ドルコスト平均法**

投資のコツ

自分のリスク許容度に合った「円グラフ」をつくる

▽買う資産の構成比を考えよう

投資を始めるにあたって、どのくらいの割合でどの商品を買うか、**自分のお金（投資資産）の預け先を示す「円グラフ」をつくってみましょう。**

ここで言う円グラフとは、資産の組み合わせと比率を表すデータです。投資の世界では、これを「ポートフォリオ」と呼びます。

イメージしやすいように例をひとつ挙げてみましょう。

GPIFの運用実績(2023年)

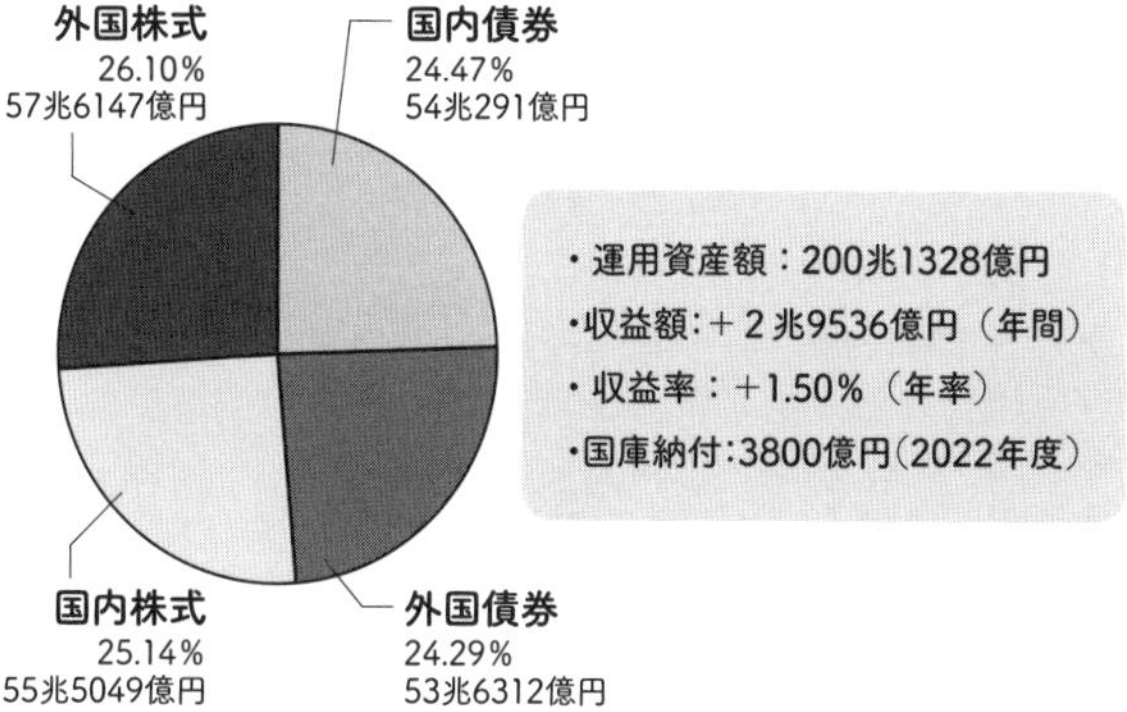

出所：年金積立金管理運用独立行政法人

上の円グラフ（ポートフォリオ）は、将来私たちが受け取る年金を管理している年金積立金管理運用独立行政法人（G《ジー》P《ピー》I《アイ》F《エフ》）のものです。

大事な国民の年金を減らさず着実に運用する使命を課せられた団体が、どのように運用しているかと言うと、国内と外国の株・債券の計４つの資産を均等に組み合わせています。

外国株というハイリスクなものを買っていますが、国内債券というローリスクなものも組み合わせているため、リスクを抑えつつもリターンを狙えるような構成になっています。

▽リスク・リターンによって構成が変わる

円グラフの構成に正解はありません。

自分の投資に対する考え方、自身のリスク許容度、投資期間などを踏まえて、頭のなかを整理するためにつくってみましょう。

リスク許容度が高くない人は株の比率が少なめのバランス型、中くらいであれば株の比率が半分くらいのバランス型、高ければ株の比率が高いバランス型の投資信託を購入する、という方法もあります。株やREIT《リート》は値動きが大きいので、もう少しリスクを抑えたものを買いたいのであれば、国内債券を含むバランス型の投資信託を選ぶとよいでしょう。

ほかにも、リスク許容度が高く、積極的にリターンを狙いたい人は先進国株

リスク許容度が高くない場合の円グラフの例

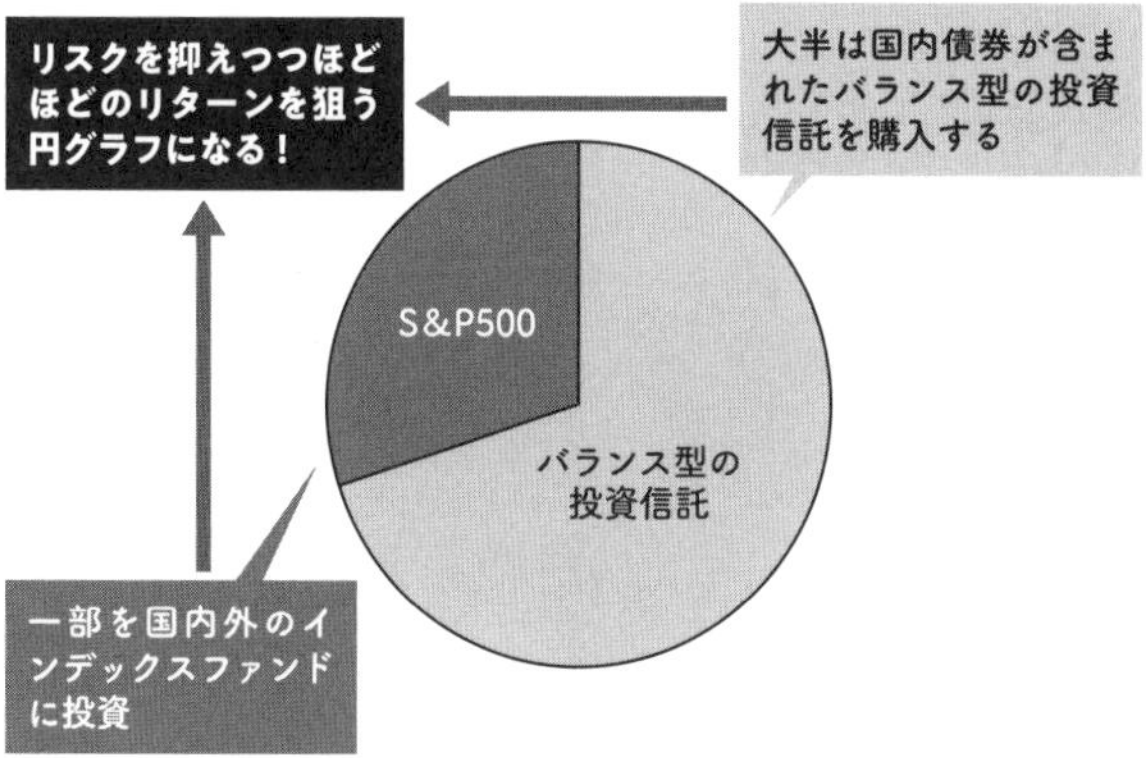
リスクを抑えつつほどほどのリターンを狙う円グラフになる！
大半は国内債券が含まれたバランス型の投資信託を購入する
S&P500
バランス型の投資信託
一部を国内外のインデックスファンドに投資

と新興国株を高い比率で組み込んだ円グラフでもよいでしょう。この場合、リスクが高いことは念頭に置いておくべきですが、ＮＩＳＡではあえてハイリスクの商品を狙って大きなリターンを狙うのもひとつの方法（60ページ）なので、リスク許容度の高い人は実践してみてもよいかもしれません。

要するに、**リスク許容度に応じて、株式の比率を下げてリスクを抑えるか、株式の比率を高めてリターンをとるかを考えてこの円グラフをつくり、投資をしていく**ということです。

投資のコツ 9

AIがアドバイスを行う「ロボアド」サービスの活用も

▽リスク許容度をもとに構成比を自動で生成

自分のリスク許容度に合わせて円グラフ（ポートフォリオ）をつくるといっても、何を買えばよいのかわからないと迷ってしまう人もいるでしょう。

そんなときには、「ロボアド」の活用を検討してみてもよいかもしれません。

ロボアドは、「**ロボアドバイザー**」の略称。インターネット上で利用でき、必要な情報を入力すると、それをもとにロボット（AI、人工知能）が利用者のリスク許容度に応じた投資アドバイスをしてくれます。さまざまな金融機関が提供しているサービスです。

▽運用もおまかせの「自動運用型」

ロボアドには大きく2つの種類があります。

まずひとつは、**金融商品の選定から購入、そして運用まで自動で行ってくれる「自動運用型」**です。ウェルスナビが運営する「WealthNavi」や、楽天証券が運営する「楽ラップ」などが有名です。必要な情報を入力した後、口座開設や入金などの手続きを踏むだけで資産運用をおまかせすることができるため、ビギナーが直面しがちな投資に対するハードルを下げるという点においても優秀なサービスと言えるでしょう。

気をつけなければならないのは、手数料がかかるという点です。運用まで行ってくれる自動積立型のロボアドは、このあとに紹介する「助言型」のロボアドよりも手数料が高くなります。

▽手数料がかからない「助言型」

もう一方は「助言型」のロボアドです。**助言型は、資産配分や具体的にどの金融商品を買えばよいのかといった提案を行ってくれる**もので、その後の購入や運用は投資家が自分で行います。松井証券の「投信工房」、三菱UFJ国際投信の「ポートスター」などがあります。

松井証券の「投信工房」は、8つの質問に答えると、その答えに沿って円グラフをつくってくれるサービスです。そして、松井証券が取り扱う投資信託のなかで「具体的に何を購入すればよいか」も提案してくれます。

さらに、自動リバランス機能がついている点もポイントです。リバランスと

は、株や債券、投資信託などの値段の上下によって当初の円グラフの割合が崩れてしまった際、そのバランスをもとの状態に戻すこと。リバランスを指示すると、ロボアドが自動で実施してくれます。

助言型を使用する場合、ロボアドのアドバイスを参考に円グラフをつくり、自分で運用していきます。**助言型は無料で使うことができるため、手数料を抑えたい人に向いているサービス**と言えるでしょう。

ロボアドサービスの例

種類	特徴	サービス名／運用機関
自動運用型	必要な情報を入力し、口座開設や入金などをすませた後は、資産運用をおまかせできるサービス。手数料がかかる点には注意	・WealthNavi／ウェルスナビ ・楽ラップ／楽天証券 など
助言型	資産配分や具体的に買う金融商品を提案してくれるサービスで、実際の購入や運用は投資家自身が行う。自動運用型よりも手数料を抑えられる	・投信工房／松井証券 ・ポートスター／三菱UFJ国際投信 など

※2023年7月現在

サービス名で検索してアクセス！

さて、Part3では、短期・中期・長期資金のお金の役割、そして投資のポイントである「長期」「分散」「積立」について解説しました。長期資金の形成においてできるだけ損をしない投資をするには、この3つが重要なポイントになるので、ぜひ覚えておいてください。

そして、そんな投資にもぴったりなのがNISA制度。Part4では、NISAを使うメリットや、投資初心者におすすめの買い方についてお話ししていきます。

Part 4

NISAの基本

今さら聞けない……

NISAで投資すると
なぜ得するの？

教えて川部先生！

投資初心者がNISAを始めるメリットとは？

ここまで投資の基礎知識を教えてもらいましたが……、投資初心者の私でもNISAは買えますか？

おっと、NISAは〝制度の名前〟なので、NISAを買うことはできませんよ。「初心者でもNISA〝で〟投資できるか」が正しい質問ですね。**NISAはみんなにおすすめしたい制度**なので、初心者にもぜひ活用してほしいです！

でも、投資って経済新聞を読んだり、むずかしそうなグラフを分析したりするイメージがあって……。私にもできるのかが心配です。

ＮＩＳＡでは投資信託を購入して、何度も買い替えたりといったことはせずにじっくりとつき合っていけばいいと思いますよ。その間はほったらかしで大丈夫なので、むずかしいグラフ――投資の世界ではチャートと呼ばれますが、チャートをしょっちゅう見る必要もないんです。「基準価額が上がったから手放す」とか「基準価額が下がっているから購入する」といったことはせずに、どっしりと構えていればＯＫ！　私も、チャートはたまに見るくらいですね。

へぇ、先生でもほったらかしなんですね。「常にチャートを見るべし！」なんて言われたらあきらめるところだったので、正直ほっと

しました。ところで、購入する投資信託ってどんなものを選べばいいんですか？　手数料が高いのはちょっと……。

投資信託って、全部で6000本くらいあるんです。でも、今の「つみたてNISA」で投資できるのは、2023年7月末現在、投資信託とETF《イーティーエフ》を合わせて246本です。**新しいNISAのつみたて投資枠ではもっと数が増えますが、金融庁が手数料の高いものなどを除外して絞り込みしてくれるので多少選びやすくなっています。**

200以上あるのに、まだ増えるんですか……。うーん、でも、6000のなかから選ぶよりは気が楽ですよね。

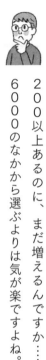

それと、これから投資を始める人にぜひ覚えてほしいメリットは、**「NISAで投資すると税金がかからない」**ということです！

すごいメリットですよね！……その前に、そもそも、投資ってどのくらい税金がかかるものなんですか？

NISAを使わないと、実は投資で得た利益の約20%が税金として差し引かれてしまうんです。とても大事な話なので、詳しく理解しておきましょう。

NISAは投資家みんなにおすすめのお得な制度

NISAの大きな特徴は、"非課税"で投資できること

▽NISAを使うと約20%の税金がかからない

株や債券、投資信託を手放した際、買ったときより値上がりしていれば、つまり**儲けが出ていれば、その儲けから約20%が税金として差し引かれます。**正確には20・315%で、所得税が15%、住民税が5%、復興特別所得税（2037年12月末まで）が0・315%という内訳です。投資で10万円の利益を出しても、そのうち約20%は税金として引かれてしまうため、手元に残る利

益は約8万円になってしまいます。

この税金をなしにしてくれる制度が、「NISA」です。**投資で得た利益に税金がかからないというのは、NISAのもつ最大の特徴**です。

▽新しいNISAは非課税期間が無期限

特に、**2024年1月からスタートする「新しいNISA」では、非課税の恩恵をさらに受けやすくなります。**

中長期投資向けの制度は、新しいNISAでは「つみたて投資枠」、これまでのNISAでは「つみたてNISA」と言います。この2つを比較して見ていきましょう。

まず、つみたてNISAでは、非課税で保有できる期間は20年と限りがあります。20年よりももっと長く保有したい人、例えば老後のために長期投資をしたい人にとっては、もの足りない年数と言えるでしょう、また、非課税で投資できる限度額は、生涯で800万円かつ年間で40万円です。

一方、新しいNISAのつみたて投資枠では、**非課税で保有できる期間が無期限になります。そして非課税で保有できる限度額は、生涯で1800万円（成長投資枠との合計額）かつ年間で120万円と大幅に拡大します。要するに、税金なしで大きな金額を長期間、投資できるようになる**のです。

▽非課税枠は翌年以降に再利用できる

また、**つみたて投資枠では非課税投資枠が復活するという点も大きな魅力**です。例えば、毎年上限の120万円ずつ投資したら15年で1800万円になり、生涯の非課税枠に到達します。このままでは16年目以降は非課税で購入することができません。

ただし、**新しいＮＩＳＡでは、手放した分の非課税投資枠が翌年に復活する**ことになっています。仮に15年目時点でこれまでに買ったものをすべて手放したら、翌年、つまり16年目からは非課税枠が１８００万円まで復活し、また毎年１２０万円ずつ投資し続けることができます。

つまり、**投資信託を解約したり、株を売ったりして利益を受け取ったのち、生涯の累計投資額が１８００万円を超えてなお、非課税で投資できる**ということです。

投資初心者の積立投資なら、年間１２０万円の上限に達することは多くはないでしょう。さらに解約したり、売ったりすれば再度、手放した分の枠が使えるわけですから、つみたて投資枠での投資を中心とする人にとっては、一生涯非課税で投資することができると言えます。

投資初心者におすすめは、つみたて投資枠で「投資信託」

▽NISAで活用しやすい投資信託

新しいNISAのつみたて投資枠では、投資信託あるいはETF（102ページ参照）を取引することになります。**毎月一定額を積み立てていくという方式なので、購入のタイミングで迷うことがありません。**

また、つみたて投資枠で取り扱いのあるものは、金融庁が厳選した商品のみ。手数料が低いなどといった厳しい条件をクリアし、**長期・分散・積立投資**

に適しているものと認められたもののみを買えるしくみになっています。金融庁ホームページで対象商品が公開されているので、チェックしてみてもよいでしょう。なお、買える商品やいくらから買えるかは金融機関によって異なるため、金融機関選び（206ページ参照）の際は、その点でも比較検討するとよいかもしれません。

▽初心者こそ投資信託を購入しよう！

投資信託は投資初心者におすすめの金融商品です。いつ、何をどれだけ購入するか・手放すかといった運用は、運用会社のファンドマネージャーが行うので、手間をかけずに分散投資ができますし、少額からコツコツと投資できる点も魅力でしょう。まさに長期・分散・積立に適した金融商品と言えます。

投資信託は値動きを見ていなくても大丈夫！

▽投資信託は基本「ほったらかし」でOK！

株の値段＝株価は、その企業の動きや経済情勢次第……、例えば企業が不祥事などを起こせば、1日のうちに何割も株価が下がる可能性があります。値動きが気になって1日に何度もスマホでチェックしてしまう人もいるでしょう。

一方、**NISAのつみたて投資枠の主役は投資信託**です。いろいろな株などをまとめて運用している投資信託では、株ほど極端な値動きはありません。

そもそも、**投資信託は「運用を任せる」というのが特徴**です。毎月積み立てるお金は口座から自動的に引かれていくように設定されているので、意識しなければ気がつきませんが、運用を依頼する分の料金＝信託報酬（90ページ参照）を支払っています。**きっちりと対価を支払って運用を依頼しているわけですから、投資家は日々の手間暇をかける必要がない**のです。**投資信託は、運用をほったらかしてしまう人に向いていると言えます。**

▽ほったらかしにしてしまう人にも人気のインデックスファンド

先に説明したように、投資信託には「インデックスファンド」と「アクティブファンド」があります（88ページ参照）。

アクティブファンドは、ファンドマネージャーが「よし、平均よりも上を目指すぞ！」と考えながら運用していきます。また、「このテーマに絞ると投資家が買ってくれそうだ」と考えて、販売している商品もあります。そうなると、その運用会社の運用の実力次第で結果が変わります。

一方でインデックスファンドは市場の指数と連動するように運用するわけですから、機械的な運用になります。**インデックスファンドの基準価額は、おおざっぱに言えば市場の平均で動きますから、株と比べると理屈の上では暴落や急騰は少ない**です。例えば、日経平均株価に連動するインデックスファンドがありますが、これがもし1日で半分に急落したら、そのとき日本経済は大混乱に陥るでしょう。しかし、コロナ禍のときでもそのような急落はしていませんから、そうそう起こり得ることではありません。インデックスファンドは急落や急騰することもありますが、多くの銘柄が組み入れられているので、個別の株と比べると値動きはなだらかと言えます。

こういった特徴もあってか、**インデックスファンドは、日々忙しくてほったらかしにしてしまうといった人にも人気があります。**

株と投資信託の値動きの比較

同じ時期・期間の値動きを比較すると……

▶ 株（電通）の値動き

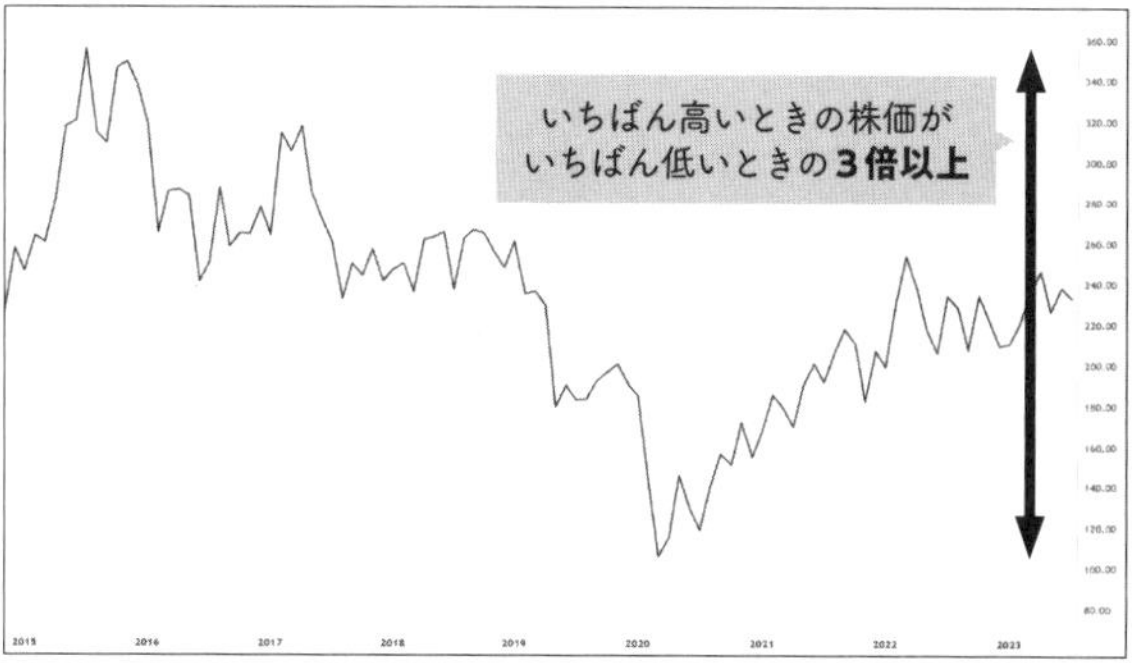
いちばん高いときの株価が
いちばん低いときの**3倍以上**

▶ 投資信託の指数（日経平均株価）の値動き

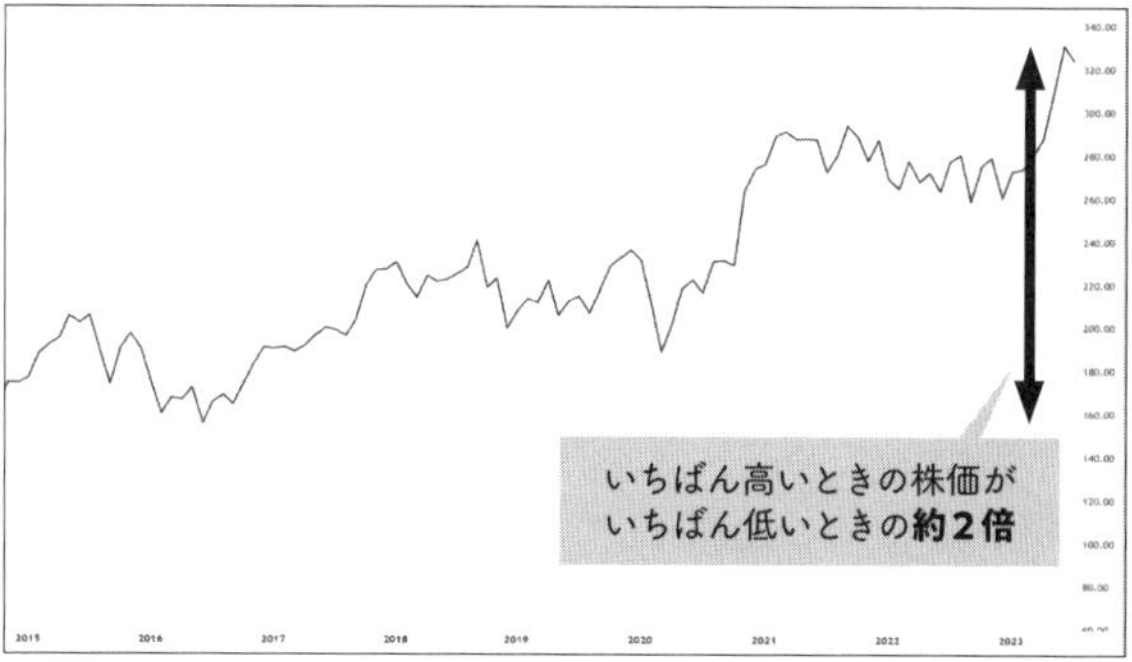
いちばん高いときの株価が
いちばん低いときの**約2倍**

電通1社の値動きよりも日経平均株価のほうがなだらかに推移しています

貯蓄がなければ月100円から始めて徐々にステップアップを

▽少額から負担感なく投資できる

NISAでの投資では投資信託を選ぶことができます。**投資信託のメリットとして挙げられるのは、少額から購入できるという点**です。

株を買うには、まとまったお金が必要になることが多いです。数万円や数十万円は当たり前ですし、数百万円のものも少なくありません。

一方、**つみたて投資枠で購入する投資信託は、金融機関によっては100円**

単位から買えるため、手元にまとまった資金がない人でも投資を始められるのです。「少ない金額だったら、無理なく積み立てできるかも！」と思える人もたくさんいるかもしれませんね。その意気です。最初は少ない金額でもよいので、まずは投資を始めてみましょう。

そもそも「ＮＩＳＡ」は、日本語にすると「少額投資非課税制度」という名前です。「少額」の基準は人それぞれですが、**数百円や数千円の投資もできるので、収入や貯蓄の少ない人でも活用できそう**です。

ただし、貯蓄がゼロなのは当面の生活に不安があり、リスク許容度も低いままになってしまうので、貯蓄もしながら投資をするようにしましょう。

また、毎月１００円――つまり毎年１２００円の投資をずっと続けていても、老後に向けた資産形成はむずかしいのも事実。その場合、**まずは月に１００円からスタートして、毎月の積立金額を１０００円、５０００円、１万円……というように、徐々にステップアップしていけばよいでしょう。**

つみたて投資枠の投資信託なら、初心者でも安心して選べる

▽NISAの商品は金融庁が厳選している

先にも述べましたが、**投資を始めたての人にこそ、新しいNISAのつみたて投資枠での投資がおすすめ**です。その大きな理由は、投資できる金融商品があらかじめ決まっているからです。

対象になっている金融商品は、金融庁が選んだ投資信託やETFです。選出の基準は「長期の積立・分散投資に適した一定の投資信託（金融庁の基準を満

たした投資信託に限定）」とされています。つまり、**つみたて投資枠では、金融庁の厳しい基準をクリアした投資信託やETFのみが買えるということ。さらに、手数料なども安く、長期的に安定した運用が目指せるようなものが厳選されています。**

▽主な対象はインデックスファンド

金融庁の選定のメインとなるのはインデックス型の投資信託（インデックスファンド）。これまで度々お話ししてきたように、インデックスファンドは、株価などの指数に連動することを目標として運用される金融商品です。値動きが市場全体の動きと同じようになるのでわかりやすく、運用に際した手数料が低く設定されている点が魅力です。

そのなかでも、**つみたて投資枠の投資対象に選定されているものは信託報酬**

に上限が定めてあり、より低コストの商品に絞られています。

このように、個人投資家が金融商品選びで気をつけたいポイントをあらかじめ金融庁が考えて、それに則って商品を選定しています。だから、「初心者が、よくわからないまま、手数料の高い金融商品を買ってしまう」ということを避けられるのです。**値上がりする保証はないものの、つみたて投資枠の対象商品から選べば、約6000本にも及ぶ投資信託のなかから自分でやみくもに選ぶよりも安心感があるでしょう。**

なお、投資信託のなかには運用による儲けを月ごとに分配する「毎月分配型」という商品もあります。しかし、毎月分配型は長期投資に向かないため、つみたて投資枠の対象商品からは除外され、複利効果に期待がもてるものだけが採用されています。

詳しい商品一覧はPart6で紹介しますので、併せてチェックしてみてください（203ページ参照）。

つみたて投資枠で購入できる商品の特徴

金融庁

個人投資家が気をつけたいポイントを押さえて選定します！

↓

長期の分散・積立に適した一定の投資信託

特徴

- 長期的に安定した運用を目指せる
- 手数料が安い
- 信託報酬も低め
- インデックス型がメイン

金融庁が数を絞っているため初心者でも選びやすく、「つみたてNISA」で買える投資信託（ETFを含む）は245本※1

自分でやみくもに選ぶよりも安心！

具体的な商品は金融庁のホームページ※2で確認できます

※1　2023年7月時点。新しいNISAのつみたて投資枠では数は増える見込み
※2　https://www.fsa.go.jp/index.html

NISA派と銀行預金派では、10年後にどれだけ差がつく？

▽銀行預金は「口座にお金を残している」だけ

投資をしていない人は、「給与が振り込まれたら、銀行口座に入れたままにしている」というケースも少なくないでしょう。「銀行に預ける」というよりも、「口座にお金が残っていただけ」といった感覚かもしれません。

では、口座にお金を残している場合とＮＩＳＡでの投資に回す場合とでは、どのような差が生じるのでしょうか。

銀行口座に毎月1万円ずつお金を残すAさんと、NISAで毎月1万円積み立てを行うBさんがいるとします。このとき、Aさんの銀行預金の金利は0・001％で、Bさんの投資信託は利回り5％とします。

2人ともこの条件で同時に預金もしくは投資をスタートした場合、10年後、それぞれの資産にはどのくらい差がついているでしょうか？

▽投資信託なら利回りは3％以上も夢じゃない

このまま10年間、積み立てを続けたと仮定すると、Aさんの資金は120万60円、Bさんの資金は155万2823円になります。同じ1万円からスタートしたのに、10年間でなんと30万円以上も差が開いてしまいました。

毎月の積立金額が1万円でこの差なので、もう少し高い金額、高い利回りで運用している場合は、もっと差が開いてしまいます。

仮に、利回り3％を目指す運用だったとしても、Bさんの資産は10年後には139万7414円になります。これでも銀行預金よりは20万円近く資産が増えています。また、**よりリターンを重視した商品を選び、利回り8％の運用ができた場合は、10年後には182万9460円になる可能性があり、この場合、銀行預金との差は約60万円にまで広がります。**

▽長期投資では複利効果を得られる

長期で投資をする際の大きな魅力は、複利効果を得られること。これは左ページの図で見るとわかりやすいでしょう。

例えば、現金をそのまま手元に置いておく――いわゆるタンス預金の場合は、元本《がんぽん》だけなので、右上がりの直線で資産が増えていきます。

一方、利回りによって複利が生じると仮定すると、曲線を描きながら資産が

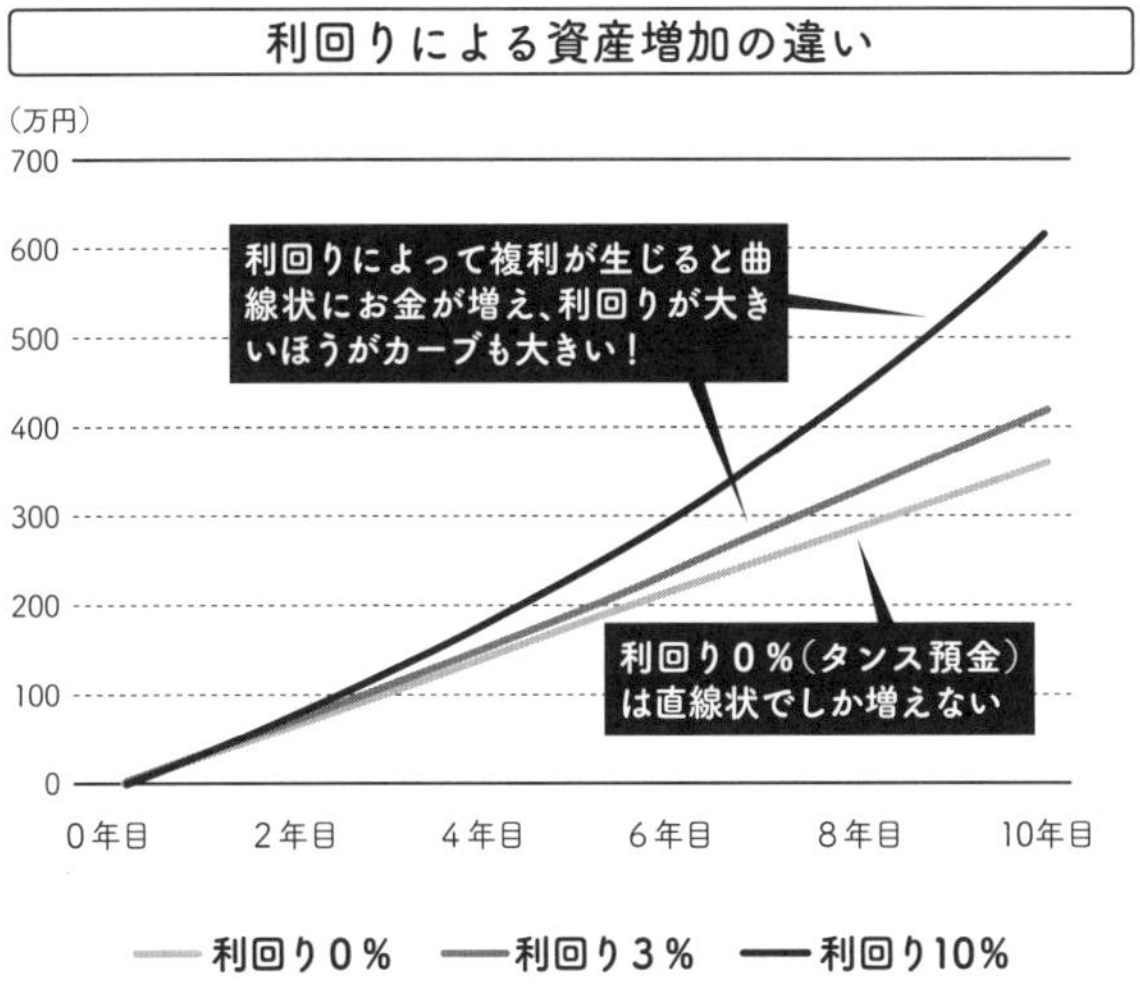

増えていきます。カーブしながら右に上がっていき、上図の利回り3％と10％を比べるとわかるように、**利回りが大きいほどカーブの角度が大きい、つまり増える資産も多い**です。

このように、複利によって、どんどん差が大きくなっていくのです。ちなみに、物理学者として名高いアインシュタインが「複利は人類最大の発明である」と語ったというエピソードもあります。

投資を着実に進めるには、短期資金の「普通預金」も大切

▽普通預金は、日々の生活を守るためのお金

Ｐａｒｔ３で、すぐに使える「短期資金」、数年後に使う「中期資金」、老後のための「長期資金」について、それぞれお話ししました（１１０ページ参照）。投資に回すのは、中～長期の資金でしたね。

いわゆる「普通預金」は短期資金に該当しますが、今は低金利の時代なので、お金がほとんど増えないのが現状です。

では預金をまったくしなくてよいのかと言えば、決してそんなことはありません。何かあったときのために、パッと引き出せる短期資金も重要です。大金を用意する必要はありませんが、**投資とは別の〝日々暮らしていくためのお金〟を確保する**ようにしましょう。

▽会社員であれば短期資金は少なくてOK！

一人暮らしや夫婦二人暮らしの会社員、公務員の場合なら、短期資金は2～3カ月分の生活費が目安でしょう。働いていれば次の月にまたお金が入ってくるので、短期資金をたくさん確保しておく必要性は低いと言えるからです。この場合は、短期資金よりも中期資金にお金を回すことで、少しでもお金を増やしていくとよいでしょう。

「いつの間にか使ってしまった……」という事態を避けるために、短期資金は最低限に留めて、中期資金を固めるのがおすすめです。ただし、子どもがいる場合は、急な出費もあるため、もう少し多めに短期資金を準備しておくと安心かもしれません。

また、**会社員よりもフリーランスのほうが、短期資金を多めに用意しておくとよいでしょう。**

会社員は、病気やけがなどで働けなくなった際に、保険の給付を受け取れる可能性があります。個人的な病気やけがであれば健康保険、仕事や通勤が原因の病気やけがであれば労災保険、そして仕事を失った場合は雇用保険（いわゆる失業手当）が適用されるためです。なお、保険以外にも有給休暇を使うこともできるでしょう。

一方で、フリーランスの場合はこのような給付がないため、自分でお金を用意しておかないと生活が困窮する危険があります。

ただし、会社員でも注意が必要な場合があり、それは雇用保険を自己都合退

職で受け取るというケースです。この場合、7日間の〝待期期間〟と最大3カ月の〝給付制限期間〟があり、なかなか振り込まれないので、この間の生活費は短期預金でまかなう必要があります。

また、「NISAはいつでも引き出せるし、もし生活費が足りなくなったら積み立てているお金を現金化すればいいや」と思っている人もいるかもしれませんが、それでは長期投資のメリットである複利効果を得られなくなりますし、もし手放したいときが値下がりしているタイミングだったら損をしてしまいます。**現金が必要だからと言って、安易に投資信託の解約を考えるのはやめましょう。**その点では、安定してNISAでの投資を続けていくために、短期資金を確保しておくことはとても大切なのです。

さて、ここまではNISAに関する基礎知識についてお話ししてきました。次のPart5では、いよいよ2024年1月からスタートする「新しいNISA」に重きを置いて解説していきます。

Part1では、「さまざまな制限がなくなり、使いやすい制度になる」とお話ししましたが（22ページ参照）、「新しいNISA」と「これまでのNISA」の違いについて、しっかり学んでいきましょう。

Part 5

新制度の肝

お得がグレードアップ！

「新しいNISA」で何が、どう変わるの？

教えて
川部先生！

「新しいNISA」って、何が新しくなるの？

ところで、「新しいNISA」って何が新しいんですか？　これまでの「NISA」の内容が修正されるってことでしょうか。

「新しいNISA」は、これまでの「NISA」とは違う制度として始まります。制度自体が別物になるんですね。もちろんこれまでのNISAを踏襲している部分もたくさんありますが、いろいろな投資が可能になる――わかりやすく言うと「**これまでのNISAがもっと強力になる**」といったところでしょうか。

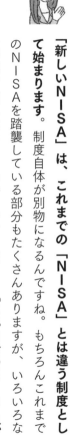

なんだかすごそうですね！　具体的にはどうなるんですか？

投資をして得た利益には税金がかかることは、すでにお話ししましたね（154ページ参照）。

そうだ、通常の投資だと、せっかく利益が出ても20％くらい税金として引かれるんでしたよね。100万円で買った株が110万円に値上がりしたときに売っても、利益の10万円から約2万円が税金として引かれて、手元に残るのは約108万円……。

そうなんです。そして、NISAで投資すればその税金が引かれないとも解説しましたが、**新しいNISAでは、非課税になる投資額や期間が拡充される**んです！　まず、非課税になる投資額は

１８００万円まで。仮に、さきほどの「１００万円投資して10万円の利益」で換算したら、１８００万円投資すると１８０万円の利益が出ることになりますよね。その利益に税金がかかると……？

ええと、１８０万円の20％だから……36万円？　新しいＮＩＳＡで投資をすれば、この36万円を引かれずにすむってことですか!?

その通り！　しかも**非課税で運用できる期間が無期限**になります。これまでのＮＩＳＡ――特に「つみたてＮＩＳＡ」では、非課税保有の限度額が８００万円、期間が20年間だったので、保有期間が20年を過ぎると手放すか課税口座に移すかを決めなくちゃいけなかったんです。この差は大きいですよ。さらに、新しいＮＩＳＡでは非課税枠の復活も大きな魅力ですね。

〝枠の復活〟というのが、いまいちピンとこなくて……。

新しいNISAの非課税の枠は1800万円でしたよね。でも、〝1800万円いっぱい投資をしたら終了〟ではないんです。例えば、1800万円のうち100万円分を売って手放してお金を受け取った場合、その100万円分の枠が翌年に復活します。ですので、**実質的に、1800万円を超えても非課税で投資ができる**ということですね。これまでのNISAでは手放しても非課税枠が復活することがなかったので、これも大きな拡充と言えます。

制度が拡充し、より多くの利益を非課税にできる！

新制度の肝 1

新しいNISAのメリットをきちんと理解して活用しよう!

▽これまでのNISAには物足りなさを感じる人もいた

2024年1月から、NISAは「新しいNISA」として生まれ変わります。どのように変わるのかを一言で表すと、「**とても強力になる**」です。

まず、これまでのNISAについてかんたんにおさらいしましょう。

これまでのNISAは、主に投資信託を積み立てながら投資を行う「つみたてNISA」と、株などの売買も可能な「一般NISA」の2つに分かれていました。この2つを併用することはできないので、一般ＮＩＳＡを選んだ場合、同じ年につみたてＮＩＳＡを利用することはできません。

さらに、つみたてＮＩＳＡだけに注目すると、非課税で投資できる上限が８００万円、１年間に投資できるのは40万円まで（月に約３万３０００円）。また、非課税で保有できる期間は最大20年で、老後に向けた資金を形成するには、人によっては少し物足りなさを感じてしまうような制度だったと言えるでしょう。

▽より強力になるのが「新しいＮＩＳＡ」

そんなこれまでのＮＩＳＡですが、２０２３年12月をもって、新規投資ができなくなります。代わりに生まれるのが「新しいＮＩＳＡ」であり、新しいＮＩＳＡは、これまでのＮＩＳＡとは別物として扱われます。

NISA制度の変化

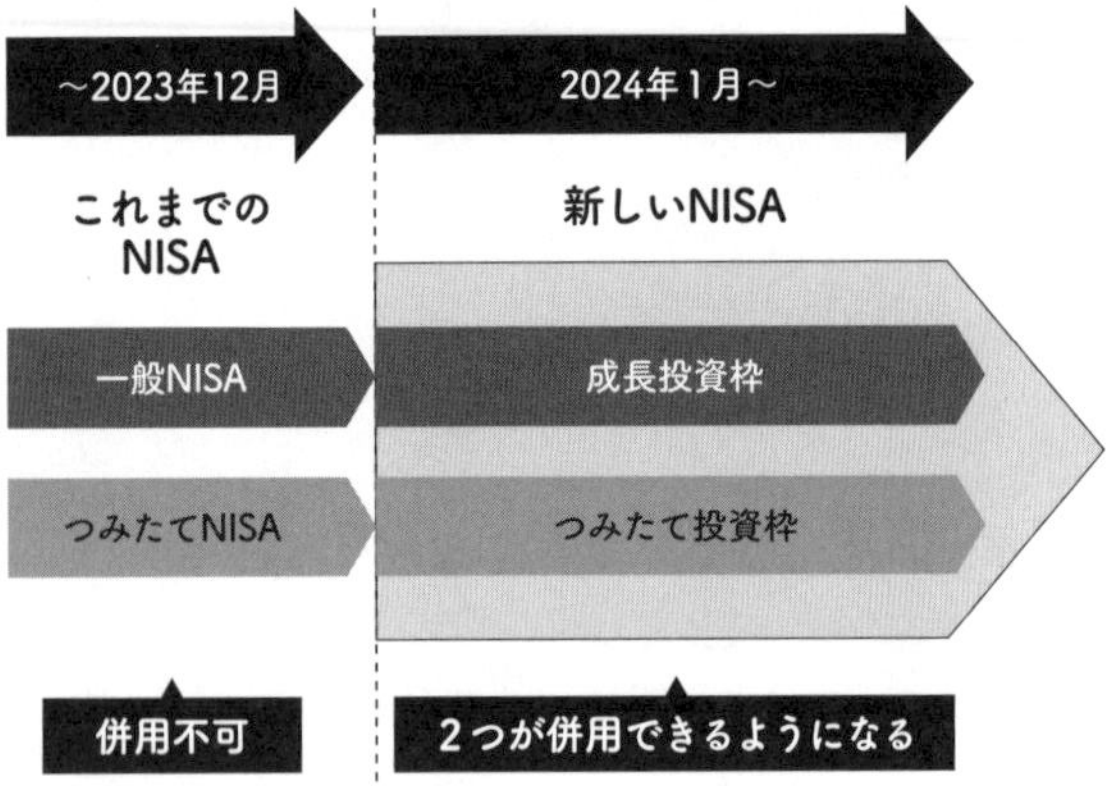

新しいNISAは、「つみたて投資枠」と「成長投資枠」の2つに分かれており、**「つみたてNISA」を踏襲したのが「つみたて投資枠」、「一般NISA」を踏襲したのが「成長投資枠」**というイメージです。

そして、この2つが併用できるようになります。つみたて投資枠でコツコツと運用しつつ、株などに興味があれば成長投資枠で投資をするといった選択も可能です。ただし、**長期・分散・積立に向いているのはつみたて投資枠なので、これから投資**

を始める投資初心者には、ぜひ、つみたて投資枠を活用してほしいです。

また、つみたて投資枠に注目すると、非課税で投資できる上限が８００万円から１８００万円（成長投資枠との合計額）まで上がります。１年間に投資できる額は40万円から１２０万円になり、つみたてＮＩＳＡと比べて投資可能な枠が大きく広がります。

そして何より、**非課税で保有できる期間が無期限化する**のが大きなポイントです（成長投資枠も同様）。つまり、ＮＩＳＡで投資をすれば、株や投資信託などを買って数十年経ってから手放して、数百万円の利益を得ても、税金を納めなくてよいのです。もはや「少額投資非課税制度」とは言えないほどの大きな拡充が行われると言えるでしょう。

これまでのＮＩＳＡと新しいＮＩＳＡを比較できるよう、１８８ページで図にまとめました。どんな点が変わるのか、あらためて整理しておきましょう。

これまでのNISAと新しいNISAの違い

▶ これまでのNISA（〜2023年12月まで）

	つみたてNISA	一般NISA
使える人	18歳以上	
口座開設期間	2023年まで	
非課税で運用できる期間	20年間	5年間
年間の非課税投資枠	40万円	120万円
生涯の非課税投資枠	800万円	600万円
非課税枠の復活	✕　非課税枠の再利用は不可	
買えるもの	長期の積立・分散投資に適した一定の投資信託	株や投資信託など
つみたてNISAと一般NISAの併用	✕　同じ年にどちらかしか使えない	

これまでのNISAは、制限の多い制度でした

▶ 新しいNISA（2024年1月からスタート）

	つみたて投資枠	成長投資枠
使える人	18歳以上	
口座開設期間	恒久化	
非課税で運用できる期間	無期限化	
年間の非課税投資枠	**合計360万円**	
	120万円	240万円
生涯の非課税投資枠	**1800万円** （1800万円のうち成長投資枠は1200万円まで）	
非課税枠の復活	○　売った翌年に復活する	
買えるもの	長期の積立・分散投資に適した一定の投資信託	株や投資信託など
つみたて投資枠と成長投資枠の併用	○　２つの投資枠を同時に使える	

新しいNISAでは、
より高い自由度で投資可能になります！

新制度の肝 2

新しいＮＩＳＡは、非課税で運用できる期間が無期限に！

▽非課税で保有できるタイムリミットがなくなる

通常、投資をすると、増えた分から約20％の税金が差し引かれます。分配金が支払われたとき、保有している株や投資信託などを手放して利益を得たとき――つまり生じた利益から約20％が引かれてしまうわけですが、**ＮＩＳＡで運用すると、税金を引かれることなく利益を受け取れます。**

新しいＮＩＳＡで投資をすると、非課税で投資できる期間が無期限化しま

す。これまでは、つみたてＮＩＳＡは20年、一般ＮＩＳＡは5年という期間のなかでしか非課税の恩恵を受けられませんでしたが、２０２４年からはそのタイムリミットがなくなるのです。

▽「いつまでに手放すか」を考えなくてもよい

これまでのＮＩＳＡは、非課税で運用できる期間に制限がありました。そのため、「非課税期間が終わるタイミングで暴落したらどうしよう……」といった不安や「非課税期間が終わる前に早く手放してしまいたい」という焦りを抱いてしまう人もいました。しかし、**新しいＮＩＳＡでは非課税期間のタイムリミットを気にせずに、長期的な視点でじっくりと運用できるようになります。**

長期投資には複利効果の恩恵を受けることができたり（１１８ページ参照）、積立投資をすることで平均購入価格を抑えることができたり（１２８ページ参照）といったメリットがあるのは、これまでにお話ししてきた通りです。

▽老後に向けた長期投資にも有利

20年を超えても非課税で運用でき、「超長期投資」がしやすくなります。

例えば、これまでのNISAの場合、30歳の人が老後の資金形成のためにつみたてNISAを使っても、20年後――50歳になったときに非課税で運用できる期間が終わってしまいます。その後はNISA以外の課税口座（一般口座、特定口座）に資産を移すか、非課税期間が終わる前に資産を手放して非課税で利益を受け取るかを選ぶ必要があり、肝心の60代、70代まで非課税で積立投資を続けることがむずかしい状況でした。

新しいNISAは非課税で保有できる期間に制限がないため、ずっと非課税で運用できるのが大きなメリットです。

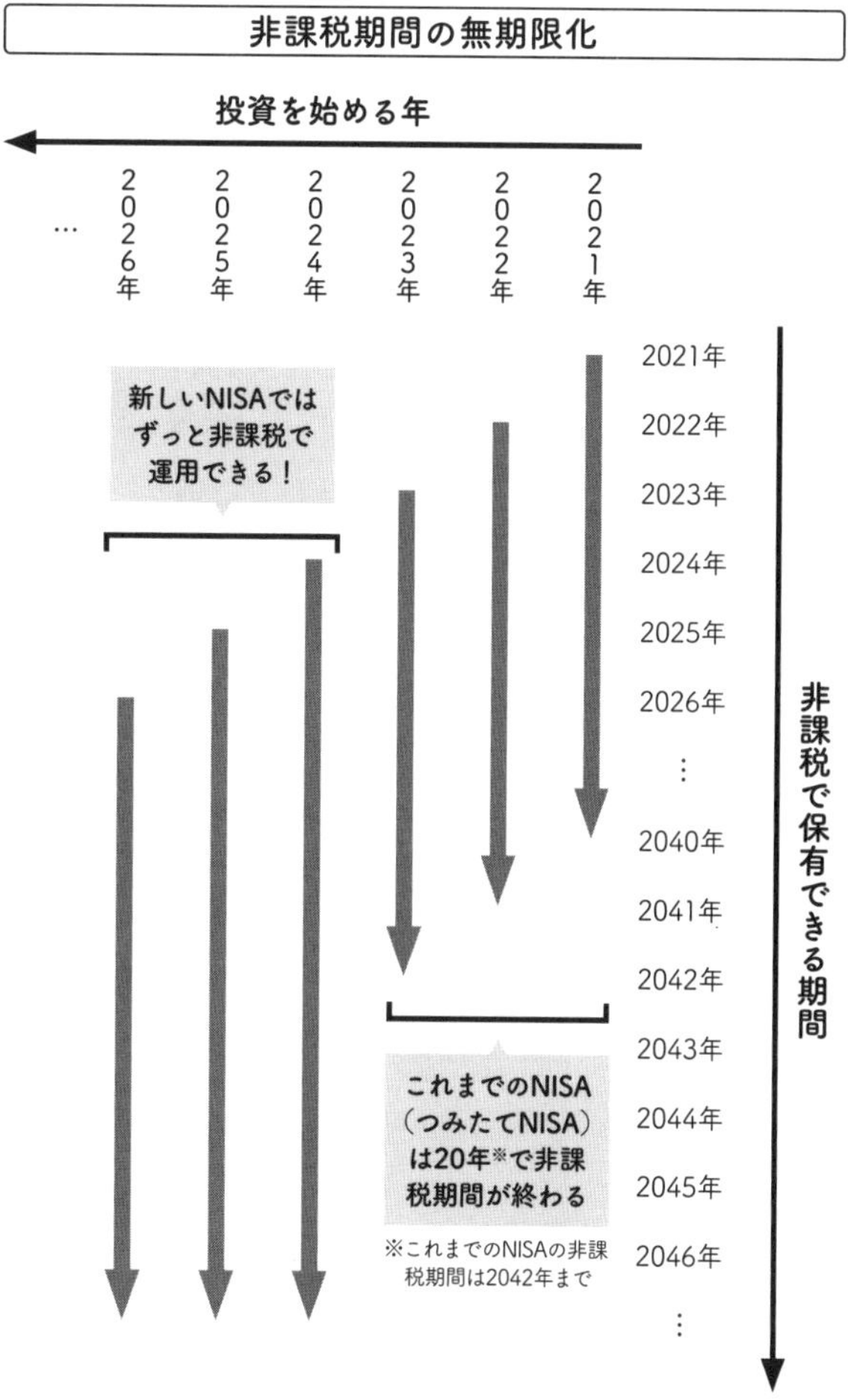
非課税期間の無期限化
投資を始める年
…
2026年
2025年
2024年
2023年
2022年
2021年
2021年
2022年
2023年
2024年
2025年
2026年
2040年
2041年
2042年
2043年
2044年
2045年
2046年
非課税で保有できる期間
新しいNISAでは
ずっと非課税で
運用できる！
これまでのNISA
（つみたてNISA）
は20年※で非課
税期間が終わる
※これまでのNISAの非課税期間は2042年まで

新制度の肝 3

新しいNISAは、売った分の投資枠が翌年に復活する！

▽1年で投資できる上限が大幅にアップ！

ここまで解説してきた通り、これまでのNISAでは、年間の投資上限がつみたてNISAで40万円、一般NISAで120万円、なおかつ、つみたてNISAと一般NISAの併用ができませんでした。

新しいNISAで年間に投資できる上限は、つみたて投資枠で120万円、成長投資枠で240万円、さらにつみたて投資枠と成長投資枠の併用ができるようになりました。**年間360万円まで非課税で投資できる**ようになるのです——これは制度の大きな拡充と言えます。

▽手放した分の非課税枠は翌年に復活する

新しいＮＩＳＡでは、**投資枠の再利用ができる**という特徴もあります。

例えば、これまであなたがＮＩＳＡで積み立てたお金が３００万円あるとしましょう。残りの投資枠は、「１８００万円－３００万円＝１５００万円」ですね。

さて、突然まとまったお金が必要になり、積み立てていた３００万円をすべて取り崩さなくてはならなくなったとします。12月に引き出したとして、12月時点では残りの投資枠は１５００万円ですが、それが翌年1月には１８００万円まで戻ります。**手放した分の非課税枠は翌年に復活する**ということです。

ただし、老後資金の形成には長期・分散・積立が基本なので、つみたて投資枠で投資信託を買う場合は、積み立てたお金を取り崩すのはおすすめしません。長期の視野をもつことを忘れないようにしたいところです。

さて、ここまでNISAの特徴と、新しいNISA制度の要点についてお話ししてきました。

2024年1月からの新しいNISAによって、非課税で運用できる期間が長くなり、1年間に投資できる金額と、非課税で保有できる限度額が上がり、より長期資金を形成しやすくなることでしょう。

新しいNISA制度の要点を理解したら、次はいよいよ、肝心の始め方・買い方がテーマです。つみたて投資枠で売買する投資信託について、Part6でご紹介していきます。

Part 6

NISAの手順

初心者でもかんたん！

「新しいNISA」で投資を始めよう！

教えて川部先生！

「新しいＮＩＳＡ」はどんな手続きが必要？

川部先生、私も「新しいＮＩＳＡ」を始めてみたいです！　実際に始めるとして、普通の投資と違うことってありますか？

違いとしては、投資できる金額に上限があることです。すでにくり返しお話ししましたが、１年間で投資できるのは、つみたて投資枠では１２０万円まで。これを超えると非課税での運用ができなくなります。

つまり、月10万円ということですね。私は月3万円くらいから始めるつもりなので、そこはあまり気にする必要はないかなあ。

何より大事なのは、**ＮＩＳＡで投資をするには専用の口座が必要**ということ。例えば、銀行の普通預金口座をもっている人は多いと思いますが、この口座だけではＮＩＳＡで投資はできないんですよ。

えっ!? 普通預金の口座はもっていますが、これでは投資ができないんですね。どうすれば投資できるようになるんですか?

銀行で申し込む場合、普通預金口座か総合口座のどちらかに加えて「投資信託口座」と「ＮＩＳＡ口座」をつくります。証券会社であれば、「証券総合口座」と「ＮＩＳＡ口座」が必要です。

ＮＩＳＡ専用に口座を用意しないといけないんですね。手続きが大変そうで心配になってきました……。

インターネット上で口座開設の手続きが完結するものもありますから、そんなに身構えなくても大丈夫ですよ。

よかった！　証券会社なんて行ったことがなかったから、少し不安だったんです。インターネットでできるなら手軽ですね。具体的にはどんな手順で専用口座をつくるんですか？

証券会社や銀行のホームページを開くと、たいてい「口座を開設」という項目があります。そこをタップ、もしくはクリックすれば、あとは指示に従って情報を入力していけばＯＫです。ただし、新し

いNISA用の口座を開設できる時期は、まだ決まっていないんです（2023年7月時点）。

なるほど。もう少し待つ必要がある、と。

とは言え、**これまでのNISA口座をもっていれば、自動的に新しいNISAの口座が開設できるようになっている**んです。だから、これまでのNISA口座をもっている人は、スムーズに新しいNISAで投資を始められると思いますよ。

まずは「NISA口座」を開設してスタート！

NISAの手順

「新しいNISA」では、どんな商品が買えるの？

▽長期の資産形成に向いている商品をピックアップ

つみたて投資枠で購入できる投資信託は、これまでのつみたてNISAの対象となっているものと同じで、一定条件を満たしたものに限定されています。**株に投資する投資信託や、株を含むバランス型の投資信託が主な対象**です。

成長投資枠で買える商品も、基本的にはこれまでのNISA（一般NISA）と同じです。投資信託のほか、上場株式やETF《イーティーエフ》（上場投資信託）、

つみたてNISAで購入できる投資信託の例

名称	運用会社
auスマート・ベーシック（安定）	auアセットマネジメント
auスマート・ベーシック（安定成長）	
JP4資産均等バランス	JP投信
SBI・先進国株式インデックス・ファンド	SBIアセットマネジメント
SBI・iシェアーズ・TOPIXインデックス・ファンド	
SBI・iシェアーズ・日経225インデックス・ファンド	
SBI・V・S&P500インデックス・ファンド	
グローバル株式インデックス・ポートフォリオ（M）	sustenキャピタル・マネジメント
たわらノーロード S&P500	アセットマネジメントOne
たわらノーロード TOPIX	
たわらノーロード 最適化バランス（安定型）	
たわらノーロード 最適化バランス（安定成長型）	

出所：金融庁

⋮

つみたてNISAで購入できるものは
つみたて投資枠でも購入できます

REIT《リート》（不動産投資信託）が対象となります。

ただし、通常の投資で買える商品すべてが対象となっているわけではありません。**新しいNISAでは、毎月分配型の投資信託や運用期間の短い投資信託は購入できなくなります。**制度の恒久化をきっかけに、より長期の資産形成に向いている金融商品に限定される見通しのようです。

また、つみたて投資枠の対象となっている金融商品は、成長投資枠でも買うことができます。

▽投資信託は100円から購入できることも

投資信託をはじめ、投資はまとまったお金がないと始められないと思い込んでいる人も多いかと思います。投資信託は、金融機関ごとにいくらから購入できるのか、何円単位で購入できるのか、金額が設定されており、特に積み立て型の場合は比較的お手軽な価格から始めることができます。**金融機関によっては100円から購入できる場合があり、いわば誰でも始められる金額**です。また、ETFも同様に100円から買えます。

株は、基本は100株単位で買えるので、例えば株価が500円であれば5万円から買えます。REITは1口から買えますが、その1口は数万円、数十万円などさまざまです。

このように、株やREITは数千円、数万円以上で買うのが一般的なため、100円という少額から投資ができる投資信託、ETFの手軽さは、投資初心者にとって精神的なハードルが下がるのではないでしょうか。

そして、投資信託の金額は、積み立てている途中に変更することも可能です。試しに毎月100円で買い始めて、この商品に引き続き投資していきたいと思えば、毎月1000円、1万円と金額を徐々に上げていくのもひとつの方法です。

金融機関選びは、使い勝手と商品数に注目！

▽金融機関はネット型と店舗型の2通り

新しいNISAを始めるにあたり、まずは金融機関でNISA専用の口座を開設する必要があります。投資というと、まず証券会社を思い浮かべる人も多いでしょう。実際は、それだけでなく、普段利用している銀行や信用金庫などといった金融機関でも口座を開設することができます。

金融機関は、ネット型と店舗型の2つに大きく分けられます。

まずはネット型か店舗型かを選びましょう。店舗型は、店舗へ足を運ぶ時間と手間はかかりますが、対面でサポートを受けられるというメリットがあります。一方の**ネット型は、スマホひとつでほとんどの手続きができる手軽さが何より大きな魅力**です。いつもスマホを使っている人であれば、まずスマホで取引できる金融機関かどうかが選ぶ際のポイントと言えるでしょう。

店舗型かネット型、証券会社か銀行かを問わず、開設できるNISA口座は1人ひとつまでと決まっています。口座を開設すると、別の金融機関で開設し直したいと思っても、※金融機関の変更には手間がかかります。各金融機関のホームページを見比べて、自分にとって使いやすそうなところを選ぶことが大切です。

このとき、確認しておくとよいのが「取り扱い商品」です。取り扱っている商品や、いくらから積み立てられるかなどは、金融機関ごとに条件が異なるので確認しておきましょう。

※金融機関の変更：現在の口座で今年すでに取引をしている場合、10～12月に手続きすれば、翌年1月から変更先での取引が可能

▽金融機関ごとに取り扱い商品が異なる

まずは、取り扱い商品を見比べてみましょう。

つみたて投資枠の前身であるつみたてＮＩＳＡでは、２０２３年7月時点で約２５０本の投資信託やＥＴＦがその対象となっていますが、各証券会社がすべての金融商品を取り扱っているわけではありません。例えば、ネット型の楽天証券では１９２本、店舗型の野村證券では12本を取り扱っています（２０２３年7月時点）。

ネット型と店舗型を比較すると、ネット型のほうが取り扱い商品（投資信託）の数が多い傾向にあります。

取り扱う商品の数が多いと、投資の選択の幅は広がります。一方で、選択肢が多いと迷ってしまうため、少ないほうがよいという人もいるでしょう。

ただ単に取り扱い商品数が多いというだけではなく、取り扱っている商品の内容もチェックした上で選ぶことをおすすめします。もし購入したいと思っている投資信託があれば、それを取り扱っているかどうか、加えて、信託報酬（90ページ参照）の安い投資信託がそろっているかどうかという点は、金融機関選びの決め手のひとつになるでしょう。

というのも、つみたて投資枠では、口座の開設や維持などの手数料がおおむね無料だからです。この点では、どの金融機関を選んでも差は出ません。そのため、「なるべく手数料の安い金融機関を選びたい」という場合は、取り扱っている信託報酬に注目です。**信託報酬は商品ごとに異なるため、なるべく信託報酬の安い投資信託をそろえている金融機関を選ぶと、結果的に安い手数料で投資することができます。**

また、証券会社によって積み立てるお金の自動引き落としができる銀行の数が異なるため、**自分が使いたい銀行口座に対応しているかをあらかじめ確認しておくと安心**です。**ネット証券の場合は、連携しているネット銀行と一緒に口座を開設しておけば、銀行口座と証券会社のお金の移動がスムーズ**です。

そして、普段使っているクレジットカードがある人は、そのカードを使って投資ができるのかという点もチェックしておくとよいかもしれません。

▽ネット型は少額でも積み立てできる場合が多い

積み立ての自由度も、チェックしておきたいポイントです。

お金を大きく増やすには、もちろん積立金額が大きいほうが有利ですが、まずは少額から始めたいという人もいるでしょう。その場合、「最低積立金額」が少ない金融機関を選んでみてください。

投資信託は比較的少額から積み立てていくことができます。そのため、100円から積み立てできるネット型の証券会社もあります。

一方、月々1万円から積み立て可能という銀行もあり、最低何円から積み立てできるのかは、金融機関によってさまざまです。

とりわけ**ネット型の証券会社は、少額から積み立てができるところが多い**です。

「NISA口座」があれば、新しいNISAの手続きは不要

▽自動で新しいNISAの口座ができる

これまでのNISAと新しいNISAは、完全に分離されます。ただし、**これまでのNISAを利用していた人は、つみたて投資枠および成長投資枠の新しいNISAの口座が自動で開設されるようになっています。積み立てたお金を移すことはできませんが、口座は自動で開設してもらえる**のです。

2024年1月以降、これまでのNISAで積み立てたお金は、非課税期間

が終わるまで――一般NISAでは5年間、つみたてNISAでは20年間、そのまま非課税で保有を続けられます。そのため、必ずしも今すぐに手放す必要はなく、好きなタイミングで売る、もしくは解約できます。

なお、**これまでのNISAでいくら積み立てていても、新しいNISAの非課税枠の上限の1800万円には影響しません。**「これまでのNISAで40万円積み立てているから、新しいNISAでは1760万円までしか積み立てできない」といった事態は起こらないわけです。

ちなみに、このしくみを利用すると、2023年中にNISAを始めることで、生涯の非課税投資枠を増やせます。2023年までは年間で40万円まで非課税で積み立てができるので、生涯の非課税投資枠が、2024年から始めると1800万円なのに、2023年から始めると1840万円になるのです。

2024年の制度改正をきっかけにNISAを始めようと考えている人も、2023年中にNISAを始めることをぜひおすすめします。

投資初心者でも、23年内の「NISA口座」開設がおすすめ

▽これまでのNISA口座があれば開設がスムーズ

さて、NISAを始めるには専用口座が必要だとお話ししましたね（206ページ参照）。

これまでのNISA口座をもっている場合は、自動的に新しいNISA口座が開設されます。逆に言えば、**2023年中にNISAの口座を開設しておけば、新しいNISAが開始するタイミングで手続きをする必要がない**ということ

と。投資初心者でも、新しいＮＩＳＡがスタートする２０２４年１月、ないしはその直前まで口座開設を待つ理由は、特にないのです。**これまでのＮＩＳＡで口座をつくっておくことで、スムーズに新しいＮＩＳＡを始めることができるでしょう。**ここでは、２０２３年までのＮＩＳＡの口座の開設方法について紹介します。

▽本人確認書類を用意して口座開設

ＮＩＳＡを始めるためには、まず、金融機関で口座を開設する必要があります。ＮＩＳＡ口座は１人ひとつしか開設できないので、どの金融機関を選ぶかは、よく検討しましょう（２０６ページ参照）。

金融機関を決めたら、ＮＩＳＡ口座の開設を申し込みます。

口座開設の手順は、どの金融機関でもおおむね同じです。ただし、例えば楽天証券の場合、楽天会員であることが条件となるケースもあるので、各社のサイトで確認してみるとよいでしょう。

口座開設にあたって、まずは本人確認書類の提出を行います。運転免許証やパスポートなどかマイナンバーカード、あるいはその両方が必要になるので、手元に用意しておくとスムーズです。**インターネットから申し込みを行う場合、スマートフォンを使って本人確認書類を撮影し、それをアップロードすれば本人確認が完了**します。もしくは、郵送で送付する方法もあります。

その後、氏名や住所などの本人情報を入力していきます。ログインパスワードの設定を行う際は、そのパスワードを忘れずに保管するようにしてください。

本人情報を入力した後は、金融機関の審査に進みます。審査には1～3営業日ほどかかることが多いため、結果を待ちましょう。

審査に通れば、メールもしくは郵送で完了通知が届きます。このとき、取引口座へログインするためのIDが併せて送られてくる金融機関もあるので、完了通知は大切に保管しておきましょう。

▽NISAの専用口座とは別の口座も必要

口座開設時の注意は、NISAの専用口座とは別に総合口座などをもっている必要があるということ。**これまでに利用したことがない金融機関でNISA口座を開設する場合は、あらかじめ総合口座を開設した上で、NISA口座を開設する**という流れになります。

証券会社であれば、「**証券総合口座**」が必要です。銀行の場合は、普通預金口座もしくは総合口座のいずれかに加え、「**投資信託口座**」も必要になります。すでに普通預金口座か総合口座をもっている場合は、NISA専用の口座と投資信託口座の開設を申し込むことになります。

NISA口座の開設の手順

▶ これからNISA口座をつくる人

① 金融機関を決める

↓

② 本人確認書類を提出する

↓

③ 金融機関による審査を待つ

↓

④ 完了後はメールか郵送で通知が届く

↓

2024年1月からの
新しいNISA口座も自動で開設される

▶ すでにNISA口座をもっている人

特に何もしなくても、2024年1月からの
新しいNISA口座が自動で開設される

これまでのNISA口座があれば、
新しいNISAでスムーズに
投資を始められます！

▶ 必要な本人確認書類

運転免許証や
パスポートなど

マイナンバー
カード

の両方もしくは
どちらか

申し込みを始める前に手元に準備しておくとよい！

▶ NISAで投資するために必要な口座

〈証券会社の場合〉

証券総合口座 ＋ NISA口座

〈銀行の場合〉

普通預金口座 or 総合口座 ＋ 投資信託口座 ＋ NISA口座

普通預金口座をすでにもっている人は「投資信託口座」と「NISA口座」の開設を行えばいいんだね

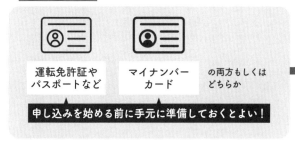

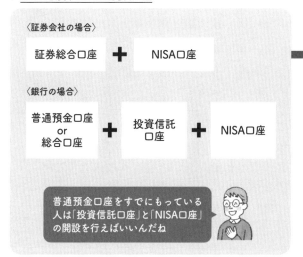

▽特定口座（源泉徴収あり）を選ぶのが妥当

投資初心者が証券会社の口座を開設する際につまずきやすいポイントとは、「口座の種類」です。証券口座には主に「**一般口座**」「**特定口座（源泉徴収あり）**」「**特定口座（源泉徴収なし）**」があり、どれを選ぶかによって、確定申告や※年間取引報告書作成の要否などが変わります。左ページの図に特徴をまとめたので、併せてチェックしてみてくださいね。

まず、**特定口座と一般口座の大きな違いは、年間取引報告書の作成を誰が行うか**ということ。特定口座であれば証券会社が作成してくれますが、一般口座の場合は投資家が自分で作成する必要があります。

そして、特定口座には「源泉徴収あり」と「源泉徴収なし」の2種類があります。源泉徴収とは、かんたんに言えば「本来投資家が自分で納めるべき税金

※年間取引報告書：1年間（1～12月）に行った取引の損益を計算した書類

主な証券口座と特徴

口座の種類	確定申告	年間取引報告書の作成
一般口座	必要	投資家自身
特定口座（源泉徴収なし）	必要	証券会社
特定口座（源泉徴収あり）	不要（投資家が自分で行うこともできる）	証券会社

おすすめは特定口座（源泉徴収あり）

を、あらかじめ証券会社が利益から引いておいてくれる」ということ。つまり、**源泉徴収ありを選べばすでに税金を納めたことになるため確定申告が不要で、源泉徴収なしを選ぶと税金を納めていないため確定申告が必要となります。**確定申告の手間を省きたいなら、源泉徴収ありを選ぶのがおすすめです。

ただし、これは証券口座での売買に関わることで、**そもそも非課税になるNISAの口座で投資を行う場合、どれを選んでも問題はありません。今後NISAの枠を超えて投資をする可能性を考えると、特定口座（源泉徴収あり）を選んでおくのが一般的**です。

操作はかんたん！投資信託・株の売買方法

▽口座にお金を入れて投資の準備をする

審査が通ったら、取引口座ページにログインしてみましょう。初期設定などを行った後は、取引口座に投資資金を入れます。このお金を使って今後積み立てなどを行っていくのです。**コンビニのATMや銀行口座の窓口などから入金する方法に加え、インターネットバンキングを活用してオンライン上で入金することもできます。**

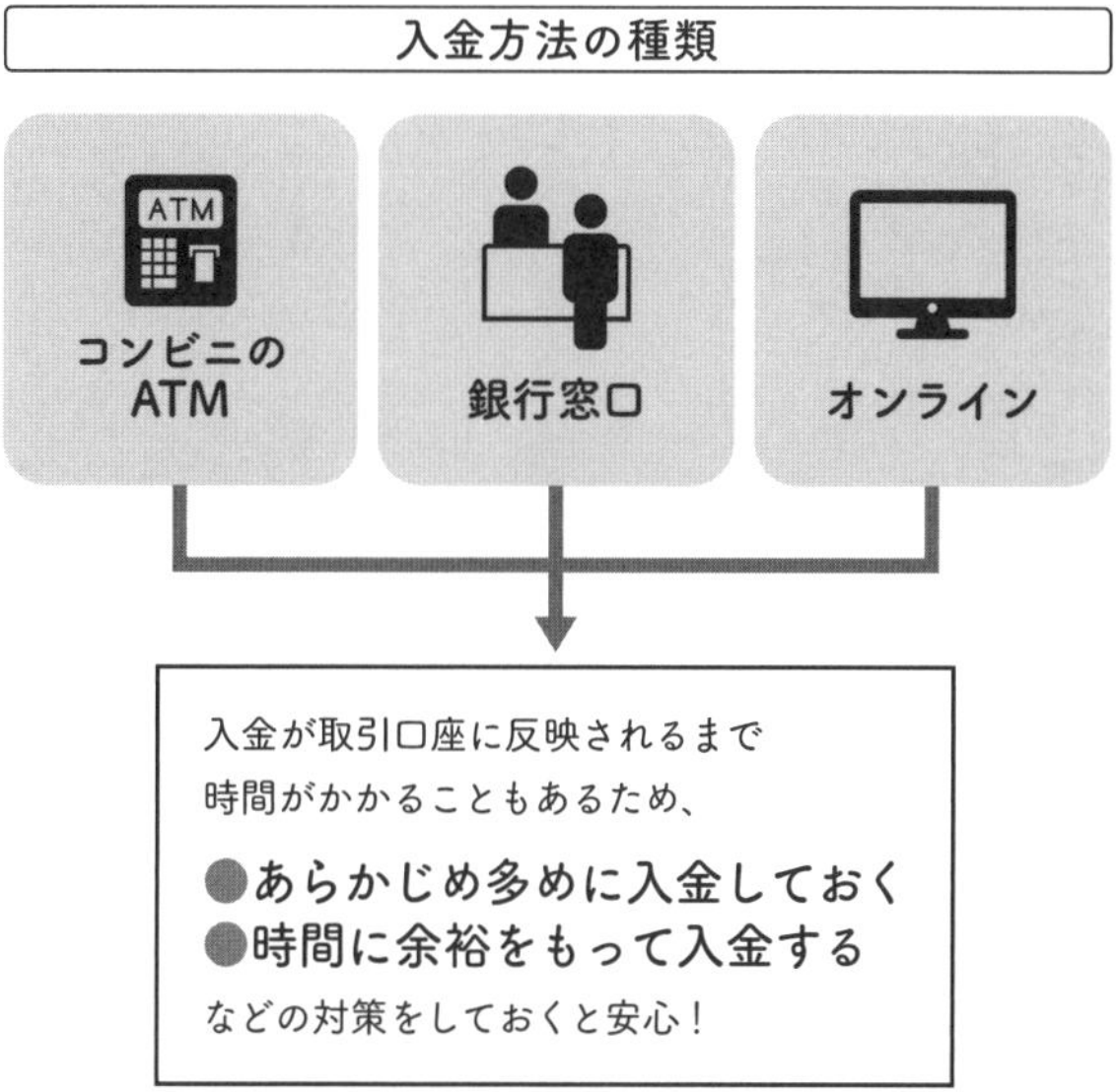
入金方法の種類
コンビニの
ATM
銀行窓口
オンライン
入金が取引口座に反映されるまで
時間がかかることもあるため、
●あらかじめ多めに入金しておく
●時間に余裕をもって入金する
などの対策をしておくと安心！

▶ 証券口座と銀行を連携できる場合

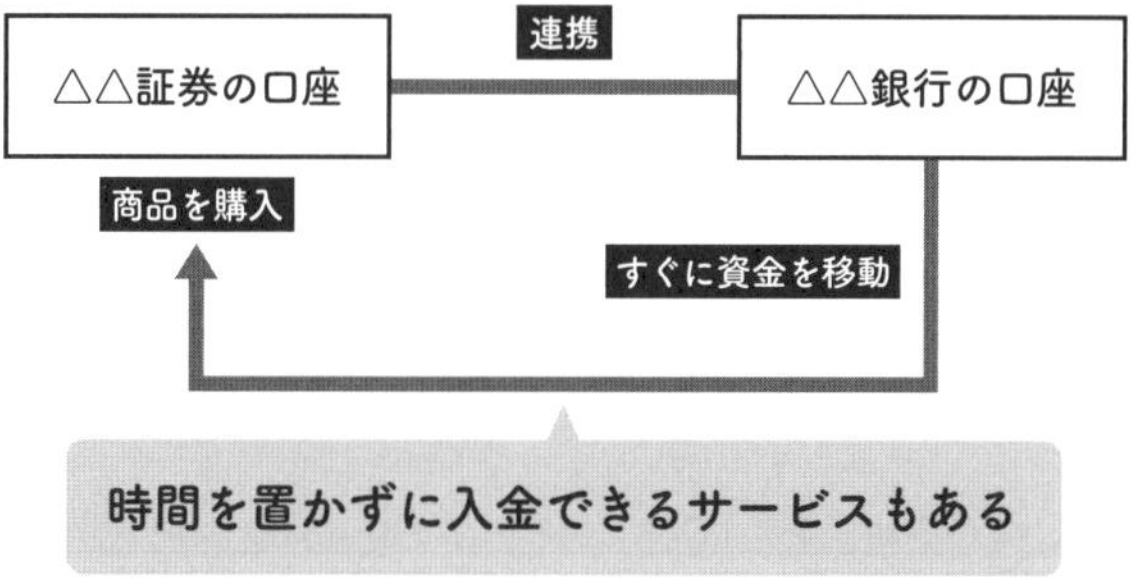
△△証券の口座
連携
△△銀行の口座
商品を購入
すぐに資金を移動
時間を置かずに入金できるサービスもある

ただし、入金したお金が取引口座に反映されるまでには時間がかかることもあるため、あらかじめ多めに資金を入れておくか、時間に余裕をもって入金を行うと安心でしょう。

また、例えば楽天証券では、楽天銀行の口座を連携することで、取引口座で金融商品を買った際に銀行口座から資金を移動させることもできます。このように、リアルタイムで入金できる（時間を置かず、すぐに口座に資金移動ができる）サービスも拡大を見せています。

▽「積み立て注文」の設定をすれば、ほったらかしでも大丈夫！

口座の準備が整ったら、いよいよ金融商品の購入です。

購入方法は金融機関によって多少異なりますが、**インターネットで申し込む、窓口で直接申し込む、電話で注文する**といった方法があります。

ここでは、インターネットで買う方法をお話ししていきましょう。

まず、買いたい金融商品のページを探す必要があります。検索欄に商品名や愛称などを入れて検索してみましょう。商品のページへ進んだら、金融機関によって表示に違いはありますが、「**積立注文**」などの積み立てで購入できる項目を選択します。その後、**積み立ての頻度や金額を設定して、内容を確認の上でその商品を買いましょう。**

あとは、**設定した通りの頻度で、設定した通りの金額が口座から引き落とされていくので、ほったらかしておいて大丈夫**です。

一方、投資信託を解約する場合は、保有している投資信託の解約手続きをするだけでOKです。

ただし、ＮＩＳＡでは長期で積み立てを続けたいところなので、途中解約ではなく一時停止といった選択を視野に入れるなどして、できるだけ長く積み立てを続けられるように考えてみましょう。

NISAで投資信託を購入する手順(楽天証券の例)

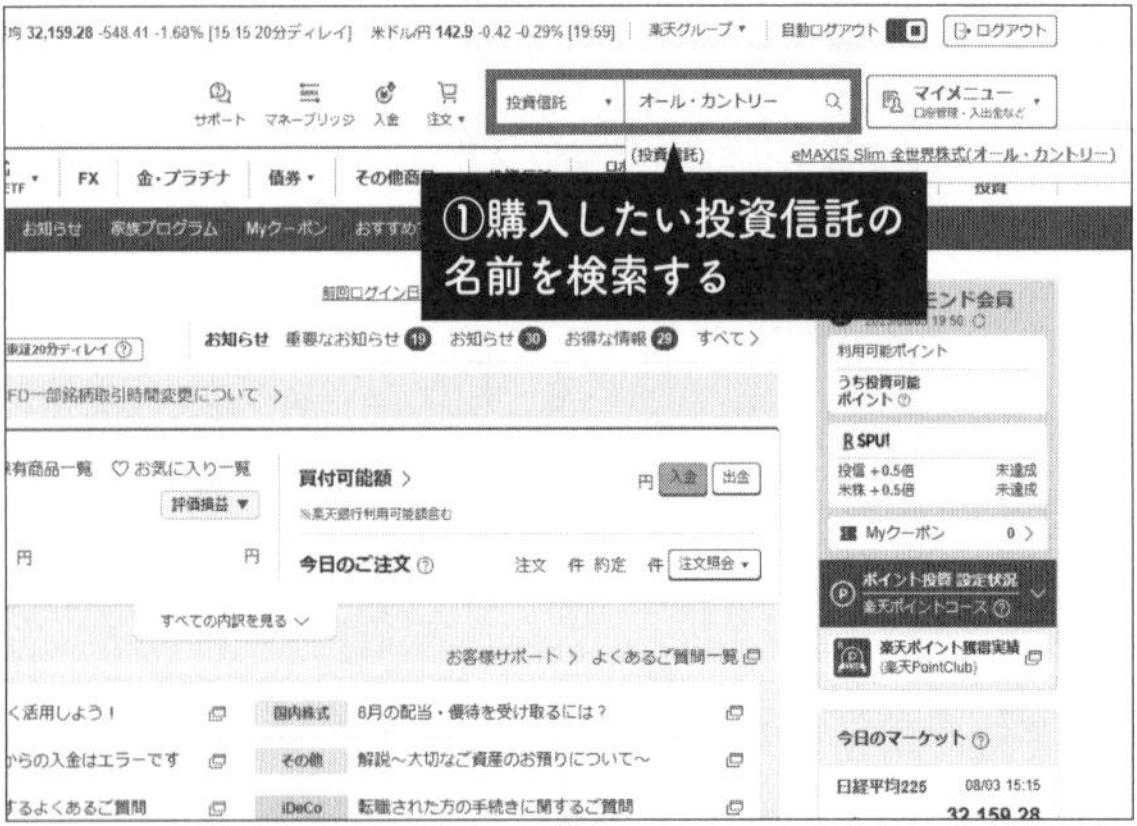
①購入したい投資信託の
名前を検索する

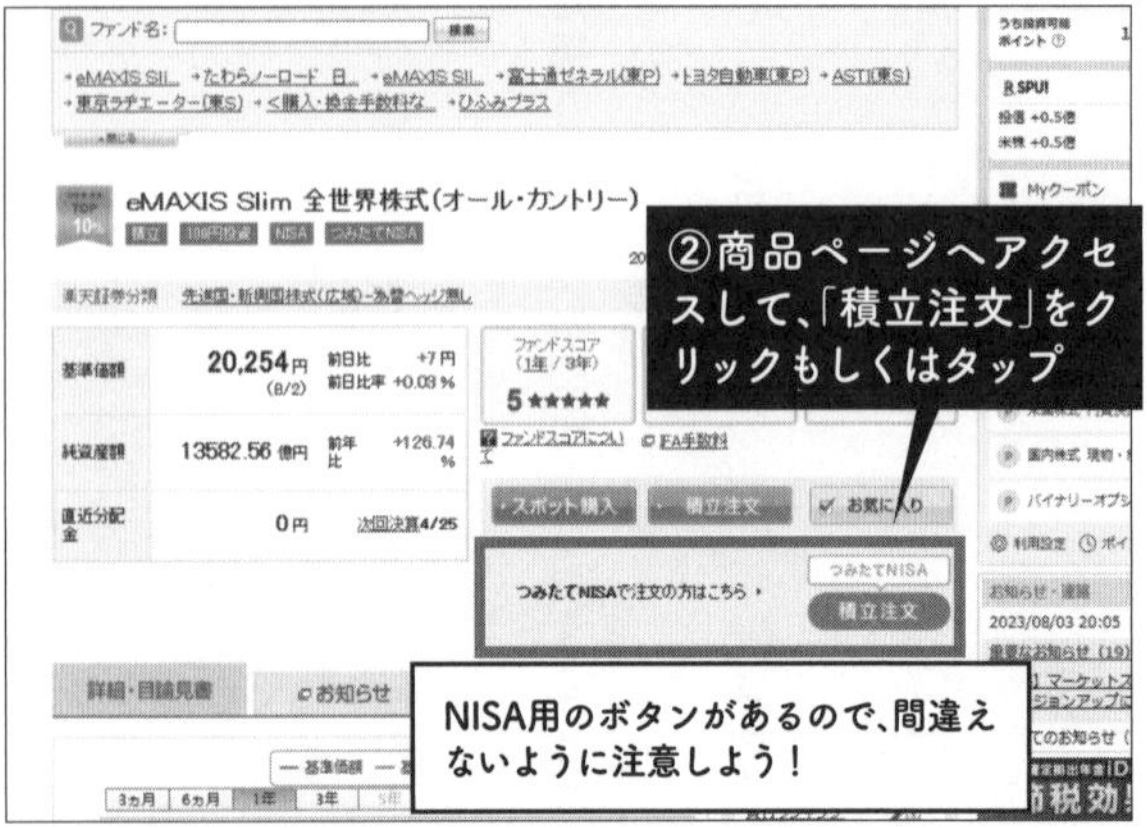
②商品ページへアクセスして、「積立注文」をクリックもしくはタップ
NISA用のボタンがあるので、間違えないように注意しよう!

※取引方法は 2023 年 7 月末時点のもの

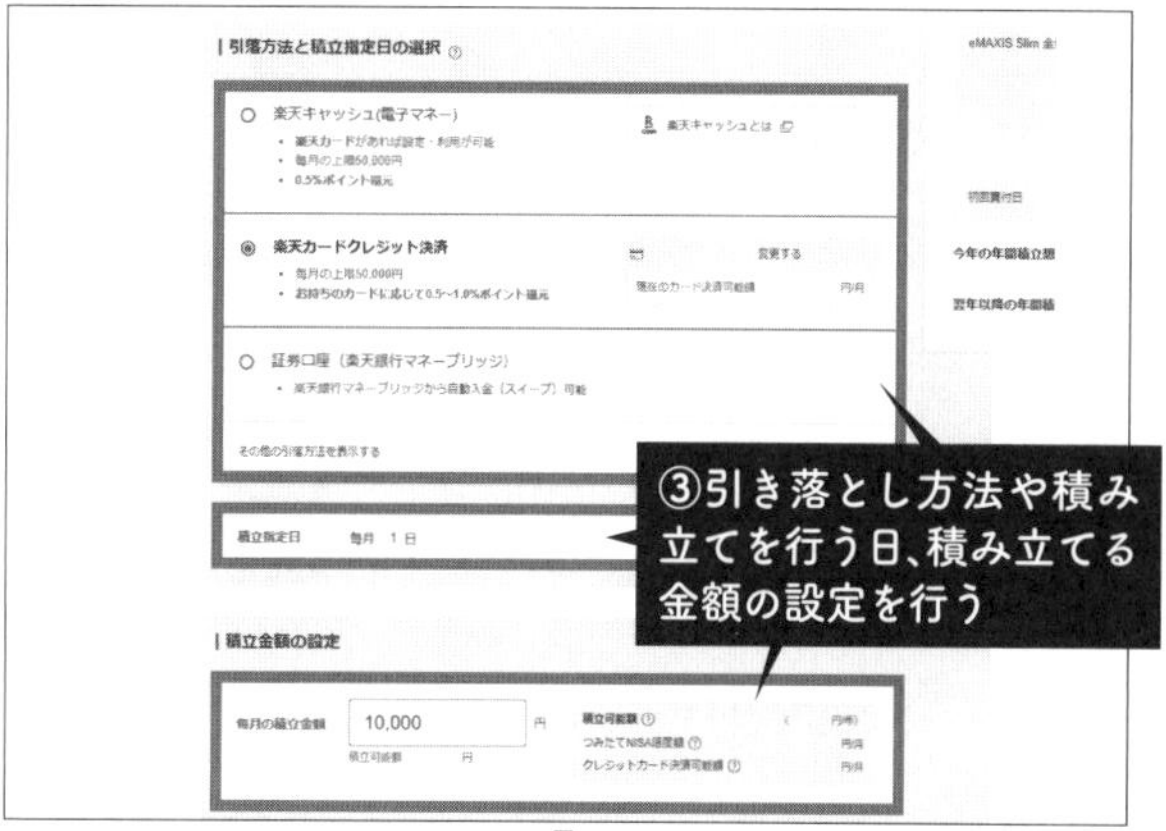
引落方法と積立指定日の選択
楽天キャッシュ(電子マネー)
楽天カードクレジット決済
証券口座（楽天銀行マネーブリッジ）
積立指定日　毎月　1日
積立金額の設定
毎月の積立金額
10,000
③引き落とし方法や積み立てを行う日、積み立てる金額の設定を行う

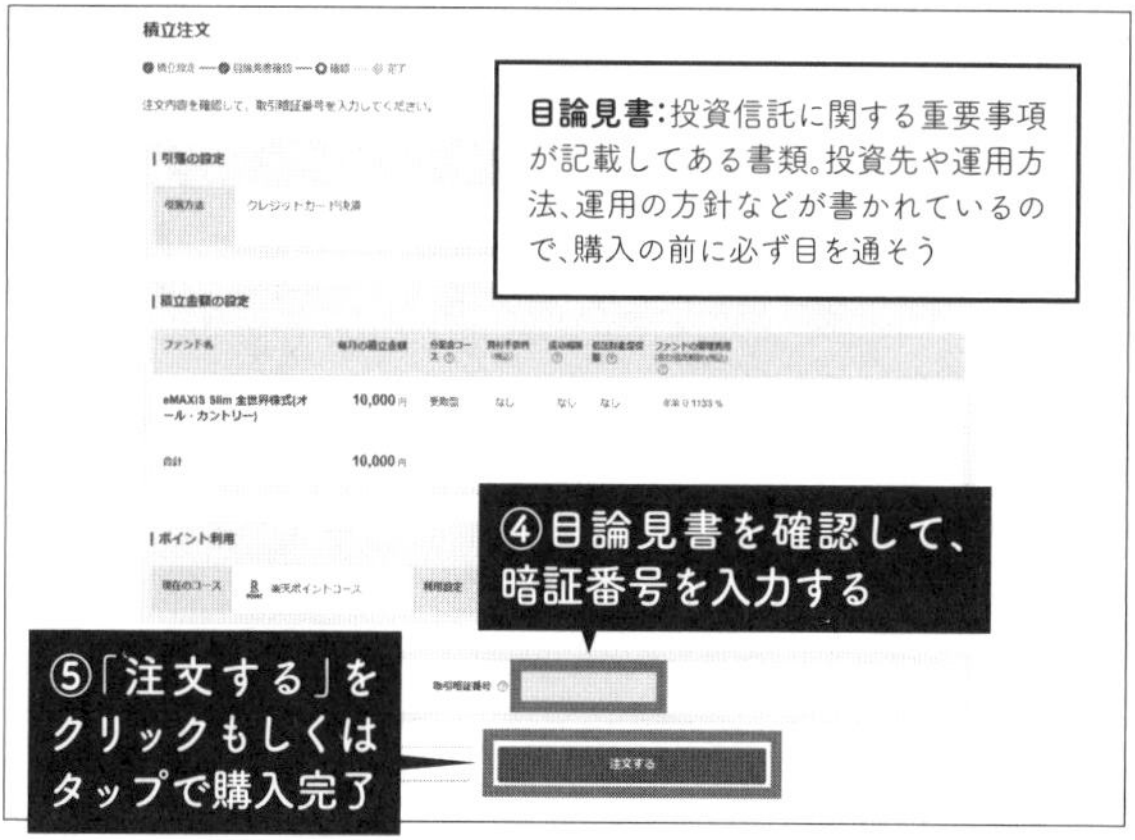
積立注文
引落の設定
積立金額の設定
eMAXIS Slim 全世界株式(オール・カントリー)
10,000
10,000
ポイント利用
注文する
目論見書：投資信託に関する重要事項が記載してある書類。投資先や運用方法、運用の方針などが書かれているので、購入の前に必ず目を通そう
④目論見書を確認して、暗証番号を入力する
⑤「注文する」をクリックもしくはタップで購入完了

積み立てていく頻度は、月に1回がスタンダード

▽自動で積み立てられるので手間がかからない

つみたて投資枠で投資をする場合、年間の非課税投資枠である120万円の範囲のなかで、定期的かつ継続的に商品を買っていく、つまり積み立てを行っていく必要があります。

積み立ては最初に買う際に一度設定すれば、それ以降は自動で行われていくため、手間をかけずに投資を続けられるようになっているというわけです。

▽定期的に継続して購入するのがマスト！

購入するタイミングは任意で設定できますが、毎月1回に設定している人が多いです。そのほか、毎日1回、週に1回、隔月ごとに1回、年に2回（ボーナス時）などでも設定可能です。

また、毎月1回積み立てていき、ボーナス時には増額することもできます。積み立ての頻度やボーナス時の対応は金融機関によっても変わるので、確認しておきましょう。

ただし、例えば年に24万円を投資するとしたら、12万円を年2回に分けて投資するのは避けて、2万円を年12回に分けて、毎月投資するようにしましょう。**会社員で給料が月に1回入ってくるなら、そこから支払うことを考えれば、月に1回ペースが妥当**といえるでしょう。

積み立てている投資信託は、途中からでも変更できる

▽来月から積み立てる投資信託を変えることは可能

つみたて投資枠でも成長投資枠でも、積み立てている途中で投資信託を変更することもできます。

「1月から7月まで毎月3万円ずつ、つみたて投資枠で投資信託Aを購入していたけれど、8月以降は投資信託Bに変更したいなあ」といった場合は、投資信託Aの積み立てをやめて、投資信託Bの積み立ての設定をするだけでOKで

す。その際に、毎月の投資金額を変更することもできます。変更するに伴って複雑な手続きが必要となることはありません。

▽頻繁に解約をくり返すことは避けよう！

ただし、**複利効果を狙って長期で保有することが、つみたて投資枠で投資を行う際の大原則。**今のところ値動きがいまいちだからなどと考えて、頻繁に購入・解約を繰り返すことはおすすめしません。**積み立てる商品を変更するとしても、これまで積み立てていた商品はしばらく解約せずにもっておくことをおすすめします。**いわば〝ほったらかし〟の状態ですが、これも長期投資のひとつ。時間が味方して、複利効果を得ることができます。

とは言っても、投資を始めた当初は値動きが気になったり、ほかの商品が気になったりするものです。特に今自分がもっている投資信託の一口あたりの値段——つまり基準価額が下がっていたりすると、「これ以上は損したくない……」などと考え、「解約しなきゃ！」と思いがちです。しかし、**基準価額は毎日動くものなので、上がる日があれば下がる日もあるのは当たり前**です。「じっくりつき合っていくから大丈夫！」と考え、焦らずにどっしりと構えていましょう。

また、「これはよさそうだ」と思うような商品を見つけたら、毎月の積立額をもう少し増やして、投資信託Aにプラスして投資信託Bの積み立ても開始する、というような考え方のほうがよいでしょう。

なお、230ページの例で言うと、積み立てをやめた後も、投資信託Aには毎月3万円×7カ月分＝21万円の資産が残っています。このお金は、非課税のままもち続けることも、一部もしくはすべてを手放して現金化することもできます。

Part 7

投資の事例

年代別の実践アドバイス

「新しいNISA」でコツコツ増やす運用術

教えて川部先生!

結局、何をどのくらい買えばいいの？

投資のポイント、新しいNISAで買えるもの、そして、始め方……。いろいろ学んできましたが、結局、私はどうすればいいでしょうか？

まずは金融機関でNISA専用の口座を開くこと（206ページ参照）。そして、**100円でも1000円でも少額でいいので、長期投資を始めてみることが大切**ですね。

まずはエントリーしないことには始まりません。ただ、**何を、どこ**

で、どのくらい買えばよいのか――これを決められずに投資への最初の一歩をなかなか踏み出せないというのは、投資初心者にとってはよくあることかもしれません。

私もその1人です。というわけで川部先生！　実際、何を買えばいいんですか？　いろいろあって迷ってしまいます……。

藤士さん、今、おいくつでしたっけ？

38歳です。結婚していて、10歳と8歳の子どもがいます。子どもたちは習い事でお金がかかりますし……。毎月5万円ほど貯金しているのですが、そろそろ昇進して、収入も増えそうです！

お子さん、かわいい盛りですね。最初は5万円の貯金のなかから1万円を投資に回してみてはいかがですか？　いちばん大事なのは、**年齢や生活環境に合わせて無理せず投資をすること**です。

それくらいの金額ならできそうです！　ところで、つみたて投資枠で投資する人はどんな商品を選んでいるんですか？

ここ数年は、全世界の株式やアメリカの株式の投資信託が多く選ばれているようですよ。でも、これらは株式100％の商品で、ハイリスク・ハイリターン。値動きに耐えられないと思う人は、債券なども含めたバランス型の投資信託を選ぶ場合もありますね。

リスクをとってリターンを期待する場合は株式型で、守りの姿勢に入るならバランス型——これが基本的なセオリーですね。個人的に

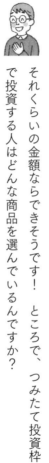

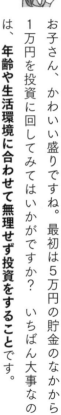

は、非課税の恩恵を最大限受けるために、無理のない範囲で株式型を選んでほしい気持ちもあります。

投資で得た利益が非課税になるから、あえてハイリスク・ハイリターンを選ぶ、ということですね（60ページ参照）。とは言え、はじめての投資なので、やっぱり守りの要素もほしいです……。

自分の年齢や資産の状況などによって、いろいろな考え方があります。次のページから、最近ＮＩＳＡを始めた人たちの事例を年代別に3ケース紹介するので、参考にしてみてください。

投資を始める年齢や収入を踏まえて、商品を選ぼう！

投資の事例

毎月3万円の積み立てを20年続けるA美さん（45歳）の場合

▽子育ての後の老後について考え始める時期

まず、会社勤めの旦那さんと17歳の子どもの3人暮らしのA美さん（45歳）を例に見ていきます。

子どもが大学進学を間近に控えているため、A美さんと旦那さんは貯蓄の額を増やしています。一方で、もうじき子育ては終わるのだなあと思い始めて、A美さんは旦那さんとの老後の暮らしが少し頭をよぎるようになりました。

そんな話をすると、旦那さんは「まだ先の話だよ」と笑って、あまり真剣に考えてくれません。その楽観的な様子に逆に不安を感じたA美さんは、旦那さんを説得して、まずは今の家計に負担がかからない3万円を投資に回すことにしました。

▽全世界に分散して投資して、あとはほったらかし

ただ、いざ投資を始めようとすると、旦那さんはお金が減ることが不安らしく、どの企業の株を買うつもりなのかと、いろいろと尋ねてきます。旦那さんの友人が株式投資で損をしたと聞いたことがその理由のようです。そこでA美さんは、旦那さんに説明しやすいように「**eMAXIS Slim 全世界株式（オールカントリー）**」、通称オルカン（96ページ参照）を選びました。

eMAXIS Slim 全世界株式は、MSCIオール・カントリー・ワールド・イ

ンデックスという指数に連動することを目標としたインデックス型の投資信託。これを購入すると全世界の株に投資でき、世界経済が成長すれば投資信託の値段も上がる――つまり、世界経済の成長の恩恵を受けられるのです。

A美さんは、「自分のお金の一部が、世界経済と一緒の動きをするのもおもしろそう」と考えました。以前、SNSで紹介されているのを見たことがあったため、ミーハー心で気になっていたという側面もありました。また、同商品のこれまでの実績を見ると、利回り3%ほどは期待できそうです。

世界中の企業に分散する考え方や、世界経済が成長すればその恩恵を受けられるというしくみを説明すると、旦那さんも納得してくれました。

65歳の定年まで仕事を続けるつもりのA美さんは、その間の20年間は積立投資を続ける予定です。A美さんは、まず、このインデックスファンドに毎月3万円、松井証券で積み立てを行うことに決めました。

なお、不動産に投資できるREIT《リート》にも興味をもっているA美さん。将来的にはREITの購入も視野に入れる予定で、その際の資産配分を考える際にロボアドを使用したいと考えているため、ロボアドサービスが充実している松井証券での投資を決めたと言います。

▽20年間で約265万円増えることが期待できる!

こうして積み立てられる元本《がんぽん》は3万円×12カ月×20年間＝720万円で、**仮にA美さんの期待通り利回り3%で運用できたら、65歳時点での最終的な資産は約985万円になります。投資を行う20年間で、約265万円増えることが期待できるということ**です。

子どもが大学を卒業するころまで順調に増えていれば、旦那さんにその旨を伝えて、加えて別の投資信託を積み立てようと考えているA美さんでした。

A美さんの資産運用
～毎月3万円×20年間～

年齢・職業	45歳・会社員
家族構成	夫（47歳・会社員）、子ども1人（17歳・高校生）
家庭の収入	●A美さん：月収35万円、ボーナス45万円（年2回） ●夫：月収38万円、ボーナス60万円（年2回）
現在の状況	●子どもの大学進学があるため貯蓄を増やしている ●子育てが終わった後の、老後の暮らしについて考え始めた
投資プラン	●家計に負担がかからないよう、月3万円を投資に回す ●eMAXIS Slim 全世界株式（オルカン）を購入して、世界経済の成長の恩恵を受ける ●将来的にオルカン以外にも投資をしたいと思っており、その際の資産配分の検討にはロボアドを使用したいと考えている

家計に余裕ができたら、複数の投資信託への積み立ても検討してみましょう！

A美さんの運用のシミュレーション

▶ eMAXIS Slim 全世界株式（利回り３％と仮定）に毎月３万円ずつ積み立てると……

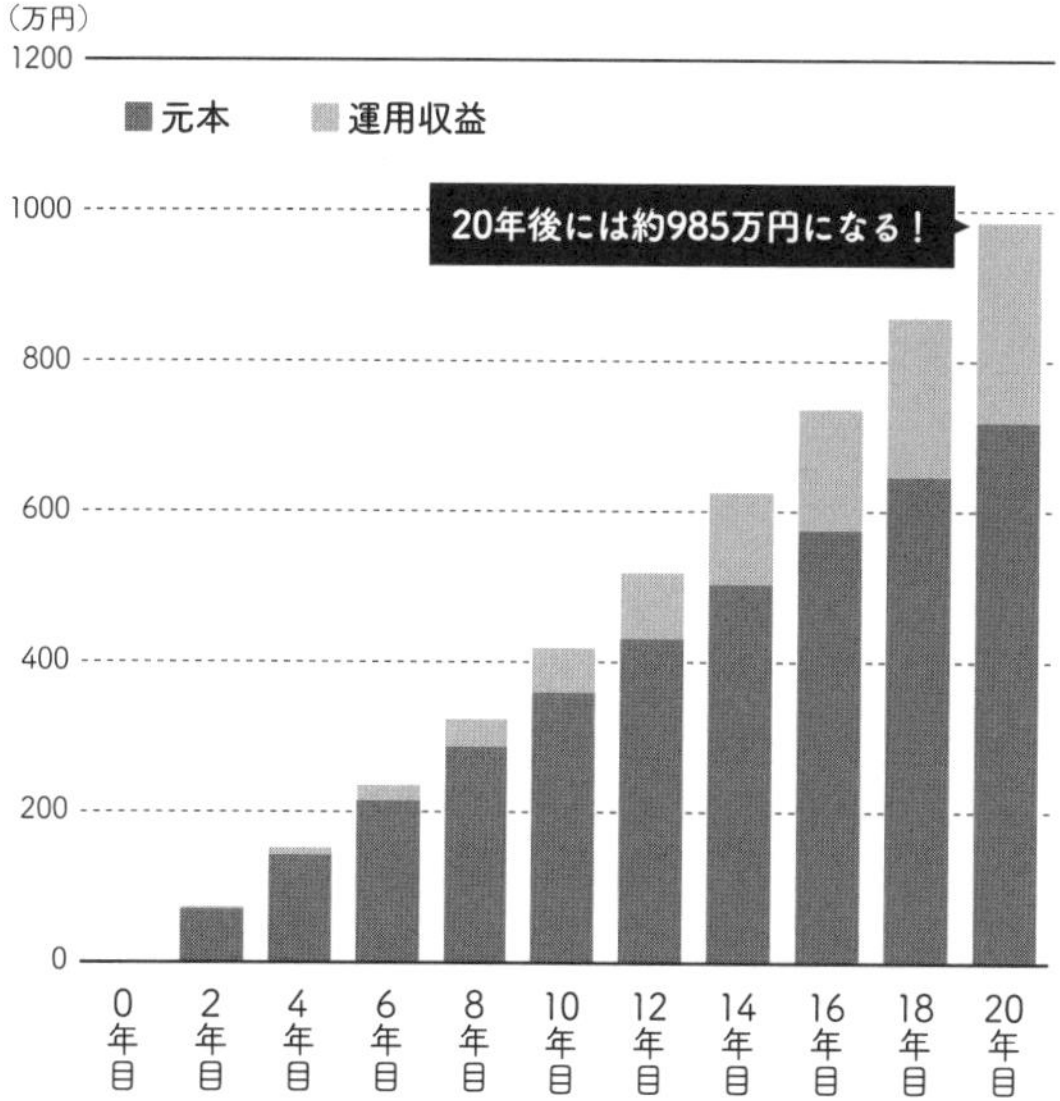

元本：３万円×12ヵ月×20年＝**720万円**
運用後（利回り３％と仮定する場合）：**984万9060円**

20年間の積み立てで
約265万円増が期待できる！

投資の事例 2

毎月5000円の積み立てを30年続けるB夫さん（35歳）の場合

▽まずは少額から始めてOK！

続いて、5歳と2歳の子どもがいるB夫さん（35歳）の例を見てみましょう。

子どもが生まれてから、B夫さんと奥さんは交代で育児休暇をとっていました。そのためここ数年、世帯収入が減っています。また、本人の希望で奥さんがしばらく仕事から離れることになり、月々の貯蓄も減っている状態です。

それでもB夫さんは、子どもが大きくなったときの教育資金に影響が出ない程度で投資を始めようと考えます。家計に負担のない額として、B夫さんと奥さんは月々5000円を投資にあてることにしました。

▽世界的企業の多い米国経済に期待して投資

SBI証券で毎月5000円の積み立てを行い、そのまま定年の65歳まで積み立てを続ける予定なので、30年にわたり積み立てできます。

B夫さんは、**米国の代表的な株価指数であるS&P500への連動を目指す投資信託「SBI・V・S&P500インデックス・ファンド」を購入**することにしました。

これは米国株式市場に連動するインデックス型の投資信託で、世界的企業を数多く擁する米国経済に投資するものです。加えて、S&P500を構成している銘柄を調べてみると、**アップルやP&Gなど、普段利用している商品をつくっている企業が組み込まれていて、さらにここ数年右肩上がりで推移していると知り、それで購入を決めた**とのことです。

また、B夫さんは普段三井住友カードを利用しており、Vポイントが貯まる証券会社を選ぶとお得になります。SBI証券ではVポイントやTポイント、Pontaポイントなどを貯めることができます。ほかにも、SBI証券は、取り扱っている投資信託の種類が豊富で、「毎月」「毎週」「毎日」の3つの頻度から積み立てを選べるという特徴があり、B夫さんにぴったりでした。

このまま30年間、月に5000円を積み立てていくとすると、**仮に利回り3%で運用できたとすれば、65歳のときには約291万円**になります。積み立てた金額は5000円×12カ月×30年間なので、元本は180万円。つまり、**30年間で約111万円の資産が増えることが期待できる**というわけです。長期にわたる複利効果で、大きく資産を増やすことができます。

なお、もう少し子どもが大きくなったら、奥さんがフルタイムで働き始める予定で、そのときは、月々の積み立て額を2万円、3万円と徐々に上乗せするつもりです。ライフステージごとに、まずは無理なく投資を始めようと考えたB夫さんでした。

▽資産を増やすカギは、積み立ての金額よりも期間の長さ

さて、ここでひとつ注目してほしいことがあります。

B夫さんの毎月の積み立て金額が5000円であるのに対して、238ページのA美さんは3万円で、B夫さんの6倍です。しかし、増える資産はB夫さんが約111万円に対してA美さんは約265万円——3倍にも及びません。

複利効果を得るためには、金額は少なくとも、なるべく早く積み立てを始めること=時間を味方につけることの大切さを知っておきたいところです。

B夫さんの資産運用 ～毎月5000円×30年間～

年齢・職業	35歳・会社員
家族構成	妻（30歳・専業主婦）、子ども2人（5歳・幼稚園児、2歳）
家庭の収入	●B夫さん：月収32万円、ボーナス40万円（年2回） ●妻：収入なし
現在の状況	●妻と交代で育児休暇を取得していたため、ここ数年の世帯収入が減っている ●妻が離職中で、貯蓄も減っている
投資プラン	●家計や子どもの教育資金に負担がかからないよう、5000円を投資に回す ●有名な米国株が多く組み込まれているSBI・V・S&P500インデックス・ファンドを購入 ●子どもが大きくなって妻がフルタイムで働き始めた際は、毎月の積み立て額を徐々に上乗せする予定

金額は少なくてもよいので
「早く」始めるのがポイントです！

B夫さんの運用のシミュレーション

▶ SBI･V･S&P500インデックス・ファンド（利回り３％と仮定）に毎月5000円ずつ積み立てると……

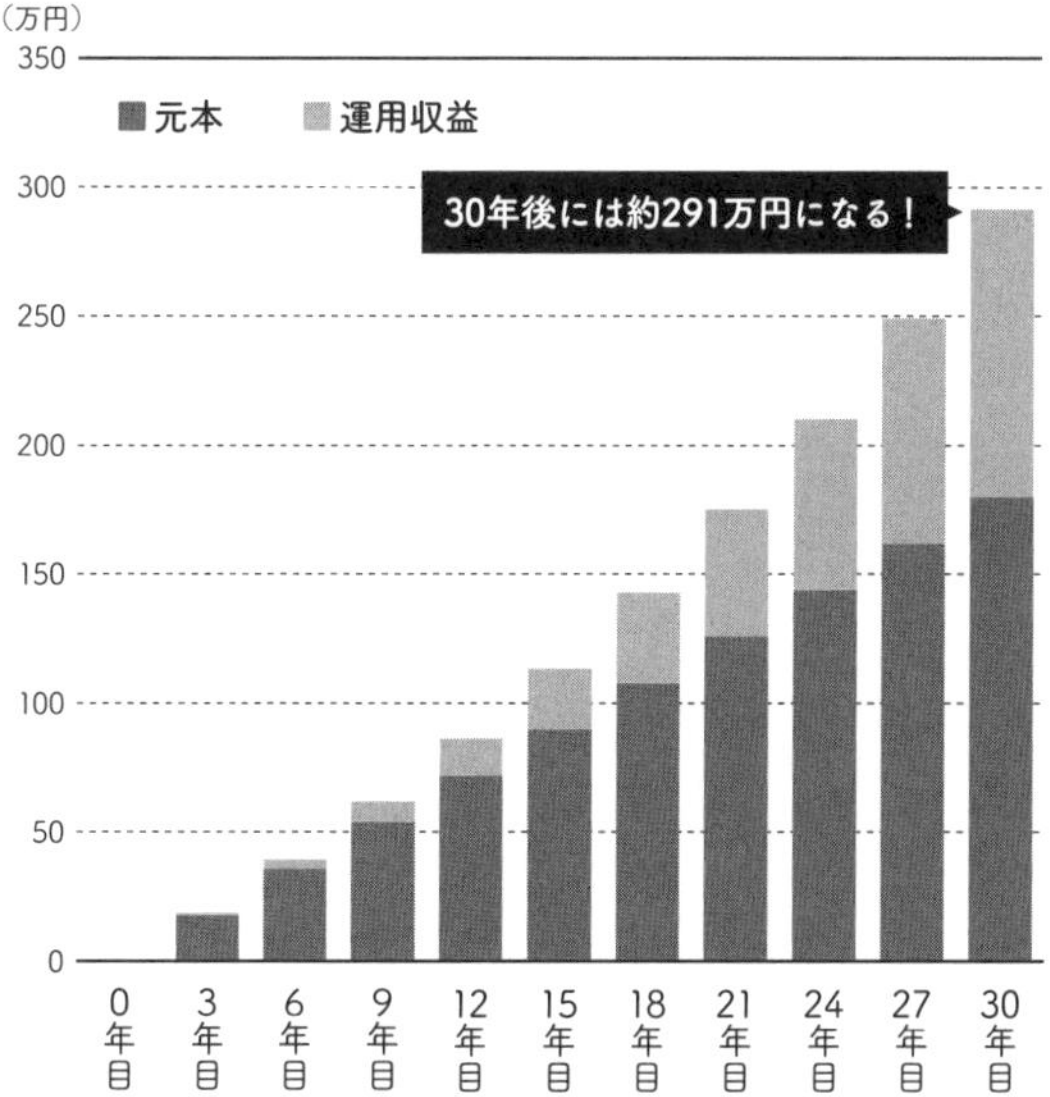

元本：5000円×12ヵ月×30年＝**180万円**
運用後（利回り３％と仮定する場合）：**291万3684円**

30年間の積み立てで
約111万円増が期待できる！

老後を満喫するために資産増を狙うC男さん（50歳）の場合

▽50代からの積み立ては、お金の整理をしてから検討しよう

建設会社で働くC男さん（50歳）は、奥さんと2人暮らし。子どもは大学進学とともに上京しており、現在4年生で来年から社会人です。肩の荷が下りたC男さんは、老後の暮らしに備えて、お金の計算を始めました。50代ともなると、今後の収入がある程度予測できます。

50代から積み立てを検討する場合は、投資を始める前に、この先に入るお金

をあらためて確認しておくことが重要です。

C男さんはまず、退職後に入ってくるお金の予測を立てるために、毎年誕生月に届く「※ねんきん定期便」や、「ねんきんネット」で、将来受け取ることができる年金の見込み額を確認しました。

続いて、就業規則や退職金規程にあらためて目を通して、会社から受け取る退職金や企業年金についても確認。自分の父親世代のような額の退職金はもらえないことに気づき少々がっかりするものの、幸い仕事は大好きなので、定年後の再雇用制度で65歳までしっかり働いて収入を確保しようと考えています。

さらに、どうやら70歳まで定年が延長される可能性があることを知り、働けるうちは働こうと決意するC男さん。ただし、65歳以降は給料の額がガクンと減ってしまうため、いったんは65歳までの15年間を運用期間と考えます。

C男さんは投資開始の年齢が高いので、238ページのA美さんや244ページのB夫さんよりも投資期間は短くなります。**積み立てる期間が短い分、**

※ねんきん定期便：50歳以上になると年金の見込み額が記載されるようになる

複利効果の恩恵を得られる期間も短いので、その点を踏まえて投資額や商品を考える必要があります。

年金と貯蓄で生活はできそうですが、奥さんといろいろなところに旅行したいと考えていたC男さんは、あまりリスクをとらず運用したいと考え、「8資産均等型」の投資信託を選びました。毎月4万円ずつ積み立てを行い、利回り2%で運用できたとすると最終的な積み立て額は約839万円になります。元本は約720万円なので、約119万円増にとどまります。

▽つみたて投資枠と成長投資枠の併用で資産増を狙う!

もう少し使えるお金が増えたら楽しいなと思ったC男さんは、投資先を増やすことを考えました。**50代は高い給与を得る一方で、子どもが独立しているなどして支出が減る時期**でもあります。新しいNISAは、生涯で1800万円分の投資が可能です。自身の生活スタイルに合わせた貯蓄が十分に確保できている状態で、例えば成長投資枠でS&P500に連動する投資信託をまとまった金額分購入して、つみたて投資枠で年間投資枠の上限である120万円（月10万円）に近い金額を積み立てるというのもひとつの方法です。

この方法を実践する場合、**成長投資枠で「SBI・V・S&P500インデックス・ファンド」を100万円分購入して15年間、仮に3%で運用すると、約156万円**になります。さらに**つみたて投資枠ではオルカンを毎月7万円購入し、それを15年間、利回り3%で運用できると、最終的な資産は約1589万円。15年後の資産は合計で約1745万円、元本と比べると約385万円増**です。時間を長く使えない以上、C男さんは手持ちの資産をしっかり確保した上で、その一部を有効に使って利益を得る方針をとりました。

より利益をとれる可能性のある株にも興味が出てきたC男さんですが、今は保留として、投資に慣れてきたら少額から挑戦してみようと考えています。

C男さんの資産運用
～毎月4万円×15年間～

年齢・職業	50歳・会社員
家族構成	妻（50歳・パートタイマー）
家庭の収入	●C男さん：月収42万円、ボーナス60万円（年2回） ●妻：月収15万円
現在の状況	●老後の暮らしに備えて、これから入ってくる予定のお金を確認した ●生活する分には問題ない年金や貯蓄があるが、夫婦で旅行するなどしてより充実した老後を送りたいと思っている
投資プラン	●８資産均等型の投資信託を購入し、利回り２％を目指して投資を始める ●株にも興味があるが、投資に慣れてから検討予定

50代からの積み立ての場合、
投資の前に年金や退職金の確認を！

C男さんの運用のシミュレーション

▶ 8資産均等型の投資信託（利回り2％と仮定）に毎月4万円ずつ積み立てると……

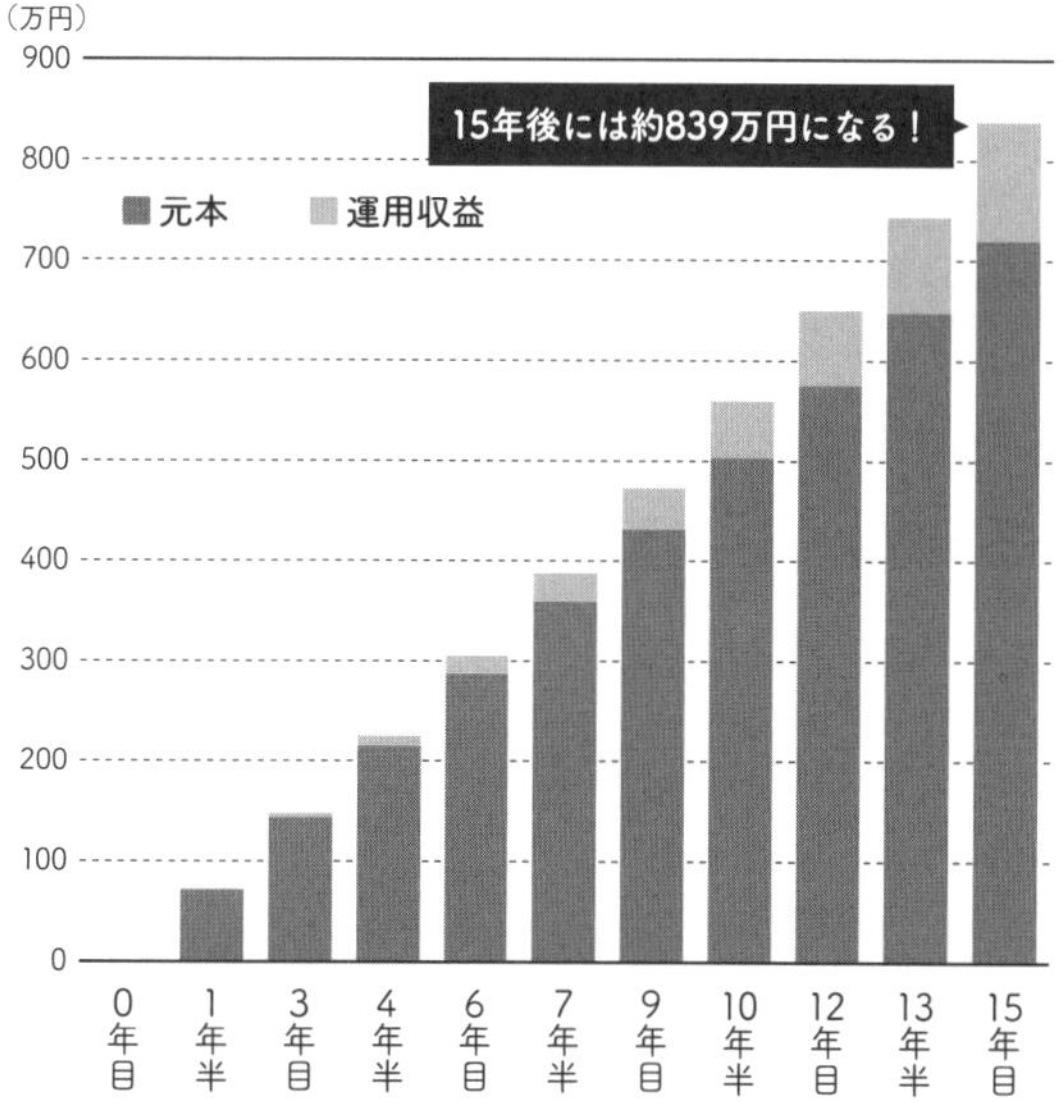

元本：4万円×12カ月×15年＝**720万円**
運用後（利回り2％と仮定する場合）：**838万8522円**

15年間の積み立てで
約119万円増が期待できる！

川部紀子（かわべ・のりこ）
ファイナンシャルプランナー・社会保険労務士。1973年北海道生まれ。大手生命保険会社で勤務した８年間の営業の現場で約1000人の相談・ライフプランニングに携わる。30歳で起業し、現在「FP・社労士事務所 川部商店」代表。大学の非常勤講師として講義も担当している。「わかりやすく、眠くならないセミナー」が好評を博し、全国各地の企業から講演・セミナーの依頼がある。また、個別相談、雑誌等への寄稿、テレビ・ラジオ出演も多数。著書・監修書に『今すぐはじめられる NISAとiDeCo』『家計簿不要！ お金がめぐる財布の使い方』（共に永岡書店）、『まだ間に合う 老後資金4000万円をつくる！ お金の貯め方・増やし方』（明日香出版社）、『得する会社員 損する会社員 手取りを活かすお金の超基本』（中公新書ラクレ）など。

◎FP・社労士事務所 川部商店オフィシャルサイト
http://kawabe.jimusho.jp/

〈STAFF〉

イラスト	植木美江
デザイン・図版作成	竹崎真弓（株式会社ループスプロダクション）
編集協力	金丸信丈・関根孝美（株式会社ループスプロダクション）
校正	西進社

ザックリおしえて！ 新しいNISA

2023年９月10日　第１刷発行
2023年12月10日　第２刷発行

監修者	川部紀子
発行者	永岡純一
発行所	株式会社永岡書店 〒176-8518　東京都練馬区豊玉上1-7-14 代表 03（3992）5155　編集 03（3992）7191
製　版	センターメディア
印　刷	誠宏印刷
製　本	コモンズデザイン・ネットワーク

ISBN978-4-522-44110-7　C0133
落丁本・乱丁本はお取り替えいたします。